Der Einsatz von Aufstellungsarbeit in der Mediation

# Studien zur interkulturellen Mediation

Herausgegeben von Hartmut Schröder,
Dominic Busch und Claude-Hélène Mayer

Band 6

Linda Brackwehr/Claude-Hélène Mayer

# Der Einsatz von Aufstellungsarbeit in der Mediation

Eine qualitative Studie über Anwendungsbeispiele aus der Praxis

**Bibliografische Information der Deutschen Nationalbibliothek**
Die Deutsche Nationalbibliothek verzeichnet diese Publikation
in der Deutschen Nationalbibliografie; detaillierte bibliografische
Daten sind im Internet über http://dnb.d-nb.de abrufbar.

ISSN 1611-5902
ISBN 978-3-631-66382-0 (Print)
E-ISBN 978-3-653-05873-4 (E-Book)
DOI 10.3726/ 978-3-653-05873-4

© Peter Lang GmbH
Internationaler Verlag der Wissenschaften
Frankfurt am Main 2015
Alle Rechte vorbehalten.
PL Academic Research ist ein Imprint der Peter Lang GmbH.

Peter Lang – Frankfurt am Main · Bern · Bruxelles · New York ·
Oxford · Warszawa · Wien

Das Werk einschließlich aller seiner Teile ist urheberrechtlich
geschützt. Jede Verwertung außerhalb der engen Grenzen des
Urheberrechtsgesetzes ist ohne Zustimmung des Verlages
unzulässig und strafbar. Das gilt insbesondere für
Vervielfältigungen, Übersetzungen, Mikroverfilmungen und die
Einspeicherung und Verarbeitung in elektronischen Systemen.

Diese Publikation wurde begutachtet.

www.peterlang.com

# Abstract

Conflicts are a part of our society. Nevertheless, they cause tensions between individuals or groups. There are many ways of dealing with conflicts. Mediation is one way of solving disputes. Its structured process assists the conflict parties to negotiate a conflict resolution. Besides mediation, other kinds of conflict counseling tools are being developed. As the counseling scene and its range of methods constantly grow, consultants face the difficulty of finding the "perfect" technique to address their clients' needs. One relatively innovative method that shows new opportunities to interfere in conflicts and/or other matters is constellation work. Although scientific research is very limited, constellation work has already shown its high potentials for family and business counseling.

This study focuses on the combination of mediation and constellation work. The absence of crucial academic research on this topic motivates to have a closer look at the possibilities that arise from combing these methods. In particular, this study aims to explore the potentials of constellation work as a supplementary instrument to mediation in order to generate new ideas which may lead to innovative patterns. This will be done by a qualitative approach.

The first part of this book gives an overview of the theoretical basis of the empirical study. This includes the description of the main concepts, principles and methods of mediation and constellation work.

In the second part of this book, the research methodology is presented, involving the research questions, the concrete collection of data, the sampling and the data analysis method. The qualitative survey is carried out via guided expert interviews. The interviews with twelve mediators who are implementing constellation work in their professional mediation processes can give a first impression of how the integration works out.

In the third part, the study's findings are presented, describing the exercised practices of the interviewed experts concerning the use of constellation work within mediation. Therefore, the study not only examines connecting factors but also the potential limits and challenges faced by the combination of the two methods.

# Inhaltsverzeichnis

Abkürzungsverzeichnis ........................................................................ XI

Abbildungsverzeichnis ....................................................................... XIII

Tabellenverzeichnis ............................................................................. XV

1. Einleitung .......................................................................................... 1
   1.1 Gegenstand der Forschung ......................................................... 2
   1.2 Stand der Forschung .................................................................. 3
   1.3 Struktur des Buches ................................................................... 6

2. Begriffsklärungen und Theorie:
   Mediation und Aufstellungsarbeit ................................................... 9
   2.1 Theoretische Grundlagen .......................................................... 9
       2.1.1 Zum Begriff Konflikt ........................................................ 9
       2.1.2 Zum Begriff System ........................................................ 11
   2.2 Mediation ................................................................................. 13
       2.2.1 Ansätze bzw. Richtungen ................................................ 14
       2.2.2 Methoden ....................................................................... 17
       2.2.3 Idealtypischer Phasenverlauf ......................................... 20
       2.2.4 Rolle und Haltung des Mediators ................................... 21
       2.2.5 Klassische Anwendungsfelder ........................................ 22
       2.2.6 Interkulturelle Mediation ............................................... 23
   2.3 Aufstellungsarbeit .................................................................... 23
       2.3.1 Ursprung und Entstehung .............................................. 26
       2.3.2 Ausgewählte Aufstellungsmethoden .............................. 28
           2.3.2.1 Systemische Strukturaufstellungen ...................... 28
           2.3.2.2 Organisationsaufstellungen ................................. 29
       2.3.3 Aufstellungsformen ........................................................ 30
       2.3.4 Rolle und Haltung des Aufstellungsleiters ..................... 33
   2.4 Schlussfolgerungen für die vorliegende Arbeit ........................ 34

3. Forschungsmethodik ..................................................................................37
　3.1 Zweck und Ziele ..................................................................................37
　3.2 Forschungsfragen .................................................................................38
　3.3 Qualitativer Forschungsansatz ...........................................................39
　　3.3.1　Datenerhebung .........................................................................39
　　　3.3.1.1　Erhebungsinstrument ...................................................40
　　　3.3.1.2　Interviewleitfaden und biographischer Fragebogen ......40
　　3.3.2　Sample und Auswahl der Experten ........................................41
　　3.3.3　Datenerfassung und Interviewdurchführung .......................43
　　3.3.4　Datenaufbereitung ...................................................................44
　　　3.3.4.1　Transkriptionsregeln .....................................................44
　　　3.3.4.2　Forschungsethik und Gütekriterien .............................46
　　　3.3.4.3　Datenschutz und Anonymisierung ..............................49
　　3.3.5　Datenauswertung .....................................................................50
　　　3.3.5.1　Die drei Schritte der Analyse .......................................51
　　　3.3.5.2　Intention der Analyse ...................................................51
　　　3.3.5.3　Bestimmung der Analysetechnik .................................52
　　　3.3.5.4　Definition der Analyseeinheiten ..................................53
　　　3.3.5.5　Ablauf zusammenfassender Inhaltsanalyse ................53

4. Ergebnisse ................................................................................................57
　4.1 Darstellung der Ergebnisse .................................................................57
　　4.1.1　Ansätze bzw. Richtungen der Mediation ...............................58
　　4.1.2　Mediationsmethoden ...............................................................58
　　4.1.3　Mediationsfälle .........................................................................59
　　4.1.4　Gründe für den Einsatz von Aufstellungsarbeit in
　　　　　　der Mediation ............................................................................60
　　4.1.5　Aufstellungsformen in der Mediation ....................................62
　　4.1.6　Einsatz und Begründung der Aufstellungsformen in
　　　　　　den Mediationsphasen ..............................................................64
　　4.1.7　Faktoren für den Einsatz von Aufstellungsarbeit ..................66
　　4.1.8　Rollenwechsel des Mediators ..................................................68
　　4.1.9　Erfolgsfaktoren der Mediation ................................................69
　　4.1.10 Erfolgsfaktoren der Aufstellungsarbeit und
　　　　　　Mehrwert für die Mediation .....................................................71
　　4.1.11 Herausforderungen bei der Kombination ..............................73
　　4.1.12 Interkulturelle Verständigung/Konfliktlösung durch
　　　　　　Aufstellungsarbeit in der Mediation ........................................76
　4.2 Interpretation und Diskussion der Ergebnisse .................................78

5. Fazit ............................................................................................95
    5.1 Limitationen der Arbeit ........................................................97
    5.2 Offengebliebene Fragen .......................................................98
    5.3 Implikationen für Forschung und Praxis .............................99
    5.4 Ausblick................................................................................ 100

# Literaturverzeichnis .................................................................. 103

# Anhang ........................................................................................ 113

Anhang 1: Interviewleitfaden ..................................................... 113
Anhang 2: Biographischer Fragebogen ..................................... 114
Anhang 3: Ergebnisse des biographischen Fragebogens.......... 116
Anhang 4: Vorbereitung und Durchführung der Interviews .... 118
Anhang 5: Modell der zusammenfassenden Inhaltsanalyse
          nach Mayring................................................................ 120

# Abkürzungsverzeichnis

| | |
|---|---|
| Abb. | Abbildung |
| B | Befragte/r |
| BDS | Berufsverband Deutscher Soziologinnen und Soziologen |
| BDSG | Bundesdatenschutzgesetz |
| bzw. | beziehungsweise |
| DGS | Deutsche Gesellschaft für Soziologie |
| ebd. | ebenda |
| et al. | et alia |
| etc. | et cetera |
| f. | folgende |
| ff. | fortfolgende |
| Hrsg. | Herausgeber |
| I | Interviewerin |
| K | Kategorie |
| Nr. | Nummer |
| s. | siehe |
| sog. | so genannte(n) |
| Tab. | Tabelle |
| u.a. | unter anderem |
| vgl. | vergleiche |
| Z. | Zeile |

# Abbildungsverzeichnis

*Abb. 1: Merkmale der Mediation* ................................................................13
*Abb. 2: Ablaufmodell zusammenfassender Inhaltsanalyse* .....................120

# Tabellenverzeichnis

*Tab. 1: Basismethoden der Mediation* ........................................................ 18

# 1. Einleitung

Verfahren, Techniken und Modelle zur Bearbeitung sozialer Konflikte gibt es viele. Eines der bekanntesten und erfolgreichsten Modelle zur konstruktiven Konfliktbewältigung ist die Mediation. Mediation ist ein außergerichtliches Konfliktlösungsverfahren, das dabei helfen kann, in einer geschützten Atmosphäre durch die Präsenz einer unparteiischen, externen Vermittlerperson, dem Mediator[1], Lösungswege für die Konfliktbeilegung zu finden und den Interessen sowie Bedürfnissen der Konfliktparteien entsprechende Übereinkünfte zu treffen. Die Konfliktparteien können in einem strukturierten und vom Mediator gelenkten Prozess kommunizieren, ohne sich mit jeglichen den Konflikt zuspitzenden Schuldzuweisungen zu konfrontieren.

Ein weiteres Verfahren ist die Aufstellungsarbeit. Das Grundprinzip von Aufstellungsarbeit ist die intuitive räumliche Anordnung von Personen oder Gegenständen. Aufstellungsarbeit hat sich in verschiedenen Bereichen, u.a. in der Familientherapie oder dem Organisationskontext, als effektive und lösungsorientierte Aktionsmethode erwiesen, die teils hoch komplexe Beziehungskonstellationen visuell vergegenwärtigt. Obgleich es keine wissenschaftlich überzeugende Überprüfung der Wirksamkeit von Aufstellungen gibt, kann davon ausgegangen werden, dass Aufstellungen eine Wirkung erzeugen. Sie tragen dazu bei, Probleme bewusst und der Reflexion zugänglich zu machen und sind bei Konflikten oder vergleichbaren Anliegen aufgrund ihres Facettenreichtums in vielerlei Hinsicht einsetzbar.

Die Wahl der vermeintlich richtigen Methode für beratende, therapierende und andere Personen fällt nicht immer eindeutig aus. Das „richtige" Verfahren scheint es gar nicht zu geben. In einigen Beratungsfällen kann es daher sogar bereichernd und anregend sein, das eigene Methodenrepertoire mit weiteren Verfahren zu erweitern. Das oftmals breite Methodenspektrum gestattet es, sich gezielt mit dem Einsatz eines angemessenen Tools auf die Bedürfnisse und Gegebenheiten von Klienten einzustellen. Auch für die Mediation können sich durch die Erweiterung des methodischen Repertoires neue Handlungsmöglichkeiten ergeben. So auch durch den Einsatz von Aufstellungsarbeit in den Kontext der mediativen Konfliktbewältigung.

---

1 Im Interesse einer besseren Lesbarkeit wird in dieser Arbeit die Form des generischen Maskulinums verwendet. Diese schließt die weibliche Form jederzeit gleichbedeutend mit ein.

Mediation und Aufstellungsarbeit sind keine standardisierten Verfahren. Die Ausübung ist demnach in hohem Maße von der Erfahrung, der Ausbildung, der Persönlichkeit und der Einstellung praktizierender Personen geprägt (vgl. Kohlhauser/Assländer 2005: 13). In diesem Sinne ergeben diese Einflussfaktoren zwangsläufig unterschiedliche Arbeitsweisen. An diesem Punkt setzt die vorliegende Forschungsarbeit an. Das forschungsleitende Interesse dieser qualitativen Studie über Anwendungsbeispiele aus der Praxis ist es daher, die unterschiedlichen Ausübungsformen anhand von Experteninterviews hinsichtlich des Einsatzes von Aufstellungsarbeit in der Mediation zu ergründen und zu evaluieren, wie Aufstellungsarbeit die Mediation für die Klärung von Konflikten unterstützen und ergänzen kann.

Bislang konnte sich für die Aufstellungsarbeit keine universell anerkannte und akzeptierte theoretische Grundlage durchsetzen. Mit voranschreitender Aufmerksamkeit wurden die Methoden und Techniken der Aufstellungsarbeit zudem immer umfangreicher (vgl. Klein/Limberg-Strohmaier 2012: 68). Demzufolge ist nicht auszuschließen, dass unterschiedliche theoretische und definitorische Sicht- und Vorgehensweisen existieren. In dieser Arbeit wird aufgrund unzureichender theoretischer und begrifflicher Substanz ein offener, unvoreingenommener Blick auf die Konzepte von Aufstellungsarbeit geworfen. Die generell vergleichsweise geringe wissenschaftliche Auseinandersetzung mit Aufstellungsarbeit gibt die Motivation, die Potenziale sowie Reichweiten von Aufstellungsarbeit als ergänzendes Beratungsinstrument in der Mediation zu erschließen.

## 1.1 Gegenstand der Forschung

In dieser Studie wird Aufstellungsarbeit als Werkzeug zum Einsatz in Mediationsverfahren und der Veranschaulichung des Methodenrepertoires von Mediatoren untersucht. Für die Durchführung des Einsatzes von Aufstellungsformen in der Mediation braucht es Personen, die sich in ihrer beruflichen Praxis in erster Linie mit Mediation auseinandersetzen und diese anbieten. Zusätzlich zu dieser Leistung gilt es, das Methodenspektrum um die Arbeit mit Aufstellungen zu erweitern und diese in ihre Mediationsfälle mit einzubeziehen. So gilt es herauszufinden, wie beide Konzepte verinnerlicht werden und wie der Rollenwechsel zwischen der Haltung als Mediator und der des Aufstellungsleiters gelingt.

Mediation wird als Verfahren zur konstruktiven Bearbeitung und Klärung von Konflikten verstanden (vgl. Bundesverband Mediation e.V. 2014a). Aufstellungsarbeit meint in diesem Kontext das Verfahren, ein Anliegen, beispielsweise einen Konflikt, durch die Visualisierung der Strukturen und Dynamiken, die hinter dem Anliegen und dem zu betrachtenden System liegen, aufzuzeigen und Lösungen zu generieren (vgl. infosyon 2014a).

Weiterhin sind die Möglichkeiten der Herangehensweise und Ausübung der Gegenstand der Betrachtung. Damit ist gemeint, welche Formen der Aufstellungsarbeit in welchen Situationen in die Mediation eingebettet werden, welche Gründe dafür sprechen, welcher Mehrwert und welche Herausforderungen im Blick auf die Kombination der Verfahren bestehen und wie sich der Einsatz in einen laufenden Mediationsprozess innerhalb der Mediationsphasen genau gestaltet. Dabei ist ebenso wichtig herauszuarbeiten, bei welchen Arten von Konflikten sich der Einsatz von Aufstellungen in der Mediation eignet und wo mögliche Schwierigkeiten auftreten. Die Schilderung der Erfolgsfaktoren beider Verfahren soll die diskutierte Skepsis im Blick auf Aufstellungsarbeit aufgreifen und die Vorteile verdeutlichen. Dafür werden auch der Kontext der Forschungsteilnehmer und ihre mediative Richtung bzw. ihr Ansatz der Mediation erfragt sowie die Mediationsmethoden, die sie in ihrem Arbeitsalltag verwenden. Damit liegen wichtige Informationen über die persönliche Ausrichtung und Ausübung der zahlreichen mediativen Praktiken vor. Auch die Potenziale des Einsatzes von Aufstellungsarbeit in der Mediation – als Beitrag zur interkulturellen Verständigung und Konfliktlösung – werden diskutiert.

## 1.2 Stand der Forschung

Über den Einsatz von Aufstellungen in mediativen Verfahren gibt es einige Erfahrungsberichte von Praktikern, die in Sammelwerken bzw. als Artikel in einer Fachzeitschrift publiziert wurden. Darin werden reale Fälle anhand der speziell dafür angewandten Techniken mit Blick auf die Thematik aus verschiedensten Berufsrichtungen, zum Beispiel der systemischen Beratung, Mediation oder Rechtsberatung, prozesshaft beschrieben.

Im Rahmen eines Fallbeispiels schildern Kolodej und Smutny (2010) einen Mediationsfall in einer Organisation, in dem eine „gemeinsame-getrennte" Aufstellung mit unabhängigen Repräsentanten zum Einsatz kam. Der Hintergrund für die Inanspruchnahme einer externen Lösungshilfe war ein Konflikt aufgrund struktureller Unklarheiten. Die Aufstellung wurde an die vorliegenden Bedürfnisse hinsichtlich der Organisation angepasst und modifiziert. Der Artikel umfasst die Beschreibung der Ausgangssituation, das konkrete Anliegen, das phasenhafte Vorgehen der Mediation sowie die Einbindung der Aufstellung in ihren Einzelheiten (Aufstellung des ersten Bildes, Interventionen, Schlussbild). In den beschriebenen Prozess wurden an einigen Stellen auch die Dialoge zwischen den beiden Mediatorinnen und den Medianden eingebaut. Die Autorinnen schlussfolgern aus dem Einsatz der Aufstellung in den Mediationsprozess, dass dieser damit nachhaltig unterstützt werden konnte.

Weckert et al. (2011) liefern mit ihrem Praxisbuch für die Gruppen- und Teammediation einen Überblick über einige der, den Autoren nach, erfolgreichsten Mediationsmethoden. Das Buch richtet sich an Mediatoren, die mithilfe von Beispielen und Anweisungen Anregungen für ihre Arbeitspraxis erhalten. Die vorgestellten Methoden werden entlang des Fünf-Phasen-Modells der Mediation erläutert, wobei Phase 2 und 3 in zwei Schritte unterteilt werden. Für jede Phase werden verschiedene Methodenvorschläge gegeben. Zusätzlich zu den klassischen Mediationsmethoden, etwa dem Doppeln oder dem Brainstorming, präsentieren die Autoren auch visualisierende Techniken: In der zweiten Phase der Mediation wird für die Themenerhebung eine Sternpositionierung beispielhaft vorgestellt, in der die Medianden sich zu einer Aussage im Raum positionieren. Die Sternpositionierung dient der Stimmungsabfrage in einer Gruppe bzw. einem Team. Alternativ zu der Anwendung in Phase 2 kann eine Sternpositionierung den Autoren zufolge auch am Ende einer Mediation eingesetzt werden, um den Grad der Zufriedenheit in Bezug auf die getroffenen Vereinbarungen beurteilen zu können. In der dritten Mediationsphase beschreiben die Autoren eine räumliche Aufstellung um ebenfalls die Stimmungen und Sichtweisen der Medianden in Bezug auf ein in der zweiten Phase festgelegtes Thema wahrzunehmen. Dazu werden Moderationskarten mit Stimmungswerten zu einer bestimmten Frage auf dem Boden ausgelegt und die Medianden gebeten, sich auf die jeweilige Karte zu stellen, die ihrer Stimmung entspricht. Optional verweisen die Autoren auf den Einsatz einer räumlichen Aufstellung in der ersten, vierten und fünften Mediationsphase, um auch hier die Einschätzungen in Bezug auf die Gedanken zu der bevorstehenden Mediation (Phase 1), die erarbeiteten Lösungen (Phase 4) oder die getroffenen Vereinbarungen (Phase 5) einzuholen. Eine weitere Methode für die dritte Phase ist die Stimmungsabfrage mithilfe einer Skalierung. Hierbei soll ergründet werden, wie beeinträchtigt sich die einzelnen Medianden vom Konflikt fühlen. Die Betroffenheit wird auf einer Skala von 1 bis 10 gemessen. Der Wert 10 stellt dabei den höchsten Beeinträchtigungsgrad dar. Die Autoren verweisen bei dieser Methode auf zwei Ausführungsmöglichkeiten; die der Aufstellung im Raum und der Skalierungsabfrage in einem Stuhlkreis.

Die Forschungsliteratur bietet mit dem Sammelband „Systemische Aufstellungen in der Mediation" herausgegeben von Ruhnau (2012), ein Praxisbuch, das Anwendungsfelder von Aufstellungsformaten in der Mediation zusammenträgt. Das Augenmerk wird auf einzelne Fallbeispiele und deren Bearbeitung durch die jeweiligen Autoren des Beitrags gelegt. Im Vordergrund steht die Erklärung des entsprechenden methodischen Vorgehens, wie Aufstellungsarbeit in die unterschiedlichsten Mediationssettings und Kontexte eingebettet und modifiziert werden kann. Dabei werden Systemaufstellungen mit Stellvertretern, das Psychodrama, die Arbeit mit der Lebenslinie oder aber die räumliche Darstellung mit Bodenankern beschrieben. Die Kontexte reichen von Systemischen Aufstellungen bei politischen Konflikten über die Arbeit mit Menschenskulpturen bis hin zu Aufstellungen in der Rechtsberatung und alltäglichen Mediationssituationen, in denen Aufstellungselemente implementiert werden. Die Beiträge dienen als Lehrmaterial für Personen mit eigener Mediationsausbildung, die mit diesem Band dazu angeregt werden, ihr Methodenwerkzeug zu erweitern und sich für berufliche Zwecke fortzubilden.

In dem Band von Knapp (2012) erklären 48 Autoren deeskalierende Methoden für die Bereiche Mediation und Konfliktmanagement. Es werden insgesamt 50, nach Meinung der Autoren besonders bewährte Instrumente für den praktischen Einsatz schrittweise hinsichtlich des Kontextes, der Zielsetzung, des Ablaufs und den individuellen Erfahrungen der Autoren beschrieben. Die Sammlung geht dabei die fünf Phasen der Konfliktbearbeitung systematisch durch. Einige Anwender wählen etwa Figuren als symbolische Gegenstände für die Arbeit in der Mediation bzw. Konfliktklärung. Viele der Autoren verwenden den Ansatz der ganzheitlichen, systemischen Betrachtung des zu bearbeitenden Konflikts. Es scheint ein allgemeiner Konsens darüber zu herrschen, dass die Erweiterung des Methodenrepertoires durch die Einbettung verschiedener Methoden einen Perspektivwechsel hervorbringt, der insbesondere die Akzeptanz des Konfliktpartners stärkt und zu einem empathischen Umgang miteinander anregt. Der Sammelband ist als Nachschlagewerk für Mediatoren, Coaches, Supervisoren, Berater oder andere Personen ähnlicher Berufsgruppen angelegt.

Ein weiterer Band von Knapp (2013) erweitert die im vorangegangenen Werk dargestellten deeskalierenden Methoden für die Mediation und Konfliktmanagementpraxis. Im Fokus stehen der Organisations- und Businessbereich. Insgesamt 60 Autoren stellen ihre Erfahrungen und ihr Praxiswissen in Bezug auf Großgruppenmediationen und Konfliktlösungen dar. Analog zu dem Aufbau des vorangegangenen Sammelwerks (vgl. Knapp 2012) hinsichtlich der fünf Phasen der Konfliktbearbeitung und der schrittweisen Beschreibung des Ablaufs werden diesmal 51 Methoden vorgestellt, die sich in der alltäglichen Berufspraxis der Anwender bzw. Autoren bewährt haben. Die Autoren stellen beispielsweise Interventionsmöglichkeiten eines Mediationsverfahrens mithilfe eines lebendigen Gruppensoziogrammes mit Ansätzen aus der Systemischen Strukturaufstellung, das in der Einstiegsphase der Mediation angewendet wird, vor. Diese Methode soll vor allem das implizite Wissen sichtbar und spürbar werden lassen sowie einen Perspektivwechsel aller Beteiligten anregen. Bei dieser Technik positionieren die in den Konflikt involvierten Parteien sich selbst im Raum. Ein weiterer Autor stellt den Prozess der Einbindung einer Systemaufstellung in ein Teammediationsverfahren vor. Hierbei wurde im Zuge einer Mediation in einem Unternehmen eine Systemaufstellung mit Repräsentanten durchgeführt. Die Wirksamkeit der Systemaufstellung wurde u.a. mit der Ansprache der kognitiven, emotionalen sowie perzeptiven Ebene und der Visualisierung von Veränderungen im System bestätigt. Weiterhin wird vorgestellt, wie eine Skulpturaufstellung im Rahmen einer Mediation eingesetzt werden kann. Als besonders wertvoll gilt die Skulpturaufstellung innerhalb einer Mediation im Blick auf das direkte Erleben der Medianden. Der Mediator kann zudem die Beziehungsstrukturen und Stimmungen des Teams sehen und besser einschätzen. Eine weitere Variante der Aufstellung wird für die Erhellungsphase vorgestellt. Dabei wird die Arbeit mit Filzplatten, die im Raum verteilt werden, beschrieben. Die Medianden können sich selbst auf ihre Platzhalter stellen und ihre Wahrnehmungen auf diesem Platz spüren. Die aktive Beteiligung der Medianden sowie der Perspektivwechsel werden dabei als besonders nützlich erachtet.

Wissenschaftliche Forschungen, die den Einsatz von Aufstellungsarbeit in das Mediationskonzept aus einer anderen Perspektive als der der eigentlichen Anwender betrachten oder etwa Vergleiche anstellen, sind nicht bekannt.

## 1.3 Struktur des Buches

Kapitel 1 stellt die Einleitung des Buches dar. In Kapitel 2 dieser Arbeit werden die für den empirischen Teil wesentlichen theoretischen Grundlagen und Begriffsbezeichnungen an das Forschungsvorhaben angepasst und anhand essentieller Merkmale erläutert. Darunter fallen zum einen die Beschreibung des Mediationsverfahrens, der vertretenen Ansätze bzw. Richtungen, der Basismethoden, des Phasenverlaufs, der Rolle und Haltung des Mediators, der klassischen Anwendungsfelder und zuletzt des Bereichs der Mediationsarbeit in interkulturellen Kontexten. Zum anderen wird das Verfahren der Aufstellungsarbeit beleuchtet, sein Ursprung sowie die Entstehungsgeschichte resümiert, ausgewählte Aufstellungsmethoden in den Blick genommen, Aufstellungsformen auf die empirischen Ergebnisse konzentriert vorgestellt und zuletzt die Rolle und Haltung des Aufstellungsleiters definiert.

Nach der Darlegung des theoretischen Bezugsrahmens erfolgt in Kapitel 3 die Erläuterung der gewählten Forschungsmethodik, mit der sich an den empirischen Teil der Arbeit angenähert wird. Zunächst werden der Zweck sowie die Ziele, die diese Forschung verfolgt, vorgestellt, im Anschluss daran die forschungsleitenden Fragen formuliert und der qualitative Forschungsansatz skizziert. Darin enthalten ist die Vorstellung der Datenerhebungstechnik, des Samples, der Datenerfassung sowie der Datenaufbereitung. Zuletzt fügt sich die Beschreibung der gewählten Datenauswertungsmethode an die Darstellung der Forschungsmethodik an.

Kapitel 4 und 5 bilden den Schlussteil dieser Arbeit. In Kapitel 4 werden die empirischen Ergebnisse dargestellt, interpretiert und diskutiert. In Kapitel 5 wird ein Fazit aus den empirischen Ergebnissen gezogen, Limitationen dieser Arbeit aufgezeigt, offengebliebene Fragen diskutiert, Implikationen für Forschung und Praxis und abschließend ein Ausblick gegeben.

# 2. Begriffsklärungen und Theorie: Mediation und Aufstellungsarbeit

In diesem Kapitel werden die grundlegenden Eigenschaften und Konzeptionen des Mediationsverfahrens sowie der Aufstellungsarbeit vorgestellt, die der Gegenstand des empirischen Teils der vorliegenden Studie sind. Sowohl bei der Darlegung der theoretischen Grundlagen sowie den methodenspezifischen Ausführungen zu Mediation und Aufstellung muss eine für den Gegenstand der Forschung sinnvolle Eingrenzung vorgenommen werden. Dabei wird kein Anspruch auf Vollständigkeit von Konzepten gelegt und unterliegt keinerlei Wertung der hier getroffenen Auswahl.

## 2.1 Theoretische Grundlagen

Mediation ist ein Verfahren, mit dem Konflikte bearbeitet und gelöst werden können. Bevor sich gesondert mit dem Verfahren der Mediation und der Aufstellungsarbeit beschäftigt wird, sollen die für beide Bereiche grundlegenden Begriffe erläutert werden. Dabei geht es um den Begriff Konflikt als zu bearbeitenden Zustand und um den Begriff System, der die Grundlage der Mediations- und Aufstellungsarbeit bildet.

### 2.1.1 Zum Begriff Konflikt

Ein Konflikt wird als destruktiver Umgang mit divergierenden Meinungen verstanden. Der Umgang der Konfliktparteien mit ihren Differenzen kann einen Konflikt auslösen, sobald gegenseitige Schuldzuweisungen getroffen werden (vgl. Ballreich/Glasl 2007: 13; Weckert et al. 2011: 15). Montada und Kals (2007: 70) stellen den Ansatz der normativen Überzeugungen von Konfliktparteien in den Mittelpunkt des Entstehens sozialer Konflikte:

> „Die Ausdrucksformen scheinen heterogen, haben aber hinsichtlich ihrer Motivation eine Gemeinsamkeit: Sie sind Antworten auf eine wahrgenommene Normverletzung, die nicht hingenommen wird; sie enthalten einen Vorwurf der Normverletzung und sind Mahnungen zur Normeinhaltung".

Mögliche Konflikttypen und -ursachen konstituieren sich beispielsweise auf einer Sach-, Glaubens-, Werte-, Interessen-, Struktur-, oder aber Beziehungsebene (vgl. Hanschitz 2005: 70; Mayer 2008: 43ff.; Montada/Kals 2007: 82ff.). Ihnen allen liegen bestimmte Hintergründe zugrunde: Nicht beachtete oder unangenehme Gefühle und Bedürfnisse, unterschiedliche Wahrnehmungen und

Interpretationen, divergierende Wertevorstellungen oder aber Kommunikationsprobleme sind häufig für die Entstehung eines Konflikts verantwortlich. Konfliktfrei zu leben bedeutet im Umkehrschluss, nicht nur die eigenen Gefühle und Bedürfnisse zu schützen, sondern auch die anderer (vgl. Ballreich/Glasl 2007: 19f.; Besemer 1995: 28; Simon 2012: 82; Weckert et al. 2011: 15). In der Realität und Interaktion von Individuen oder größeren Gruppen entstehen viele hier nicht ausgeführte Konflikte, die die unterschiedlichsten Ursachen und Hintergründe haben, einen hohen Grad an Komplexität aufweisen und sich häufig überschneiden (vgl. Mayer 2008: 42).

Konflikte bergen das Potenzial zur Verbesserung von Beziehungen beizutragen. Sie sind daher nicht per se als unerwünscht und störend zu erachten, obwohl eine Konfliktaustragung als störend und teils sogar bedrohlich aufgefasst wird. Sie sind dennoch ein unvermeidbarer und alltäglicher Bestandteil des menschlichen Zusammenlebens und können den Antrieb für wichtige Veränderungen geben. Konflikte können darüber hinaus eine Signalfunktion erfüllen. Sie weisen darauf hin, dass es ungeklärte Differenzen gibt, die erst durch einen Konflikt aufgedeckt und behoben werden können, allerdings nur, solange konstruktiv und nicht destruktiv argumentiert wird (vgl. Ballreich/Glasl 2007:49ff.; Besemer 1995: 24; Dulabaum 2001: 86; Hanschitz 2005: 67; Mayer 2008: 27). Simon (2012: 96) sieht eine notwendige Veränderung der Beziehung „Wenn eine Partei meint, die Beziehung zu einer anderen Partei müsse neu definiert werden". Solange es bei diesem einseitigen Wunsch bleibt und die andere Partei sich dagegen setzt, kommt es jedoch zu einem Konflikt.

Jeder Konflikt kann eskalieren, sofern er nicht bereits in seinen Anfängen geklärt wird. Die Bestimmung der Eskalationsstufe eines Konflikts, also der Intensität in der er ausgetragen wird, zeigt an, wie weit der Konflikt vorangeschritten ist und wie verhärtet die Positionen der Konfliktbeteiligten sind. Je stärker ein Konflikt eskaliert, desto schwieriger wird es für die Beteiligten, ihn beizulegen und einen in der Mediation angestrebten Konsens über einen Streitfall zu finden. Mediatoren sollten sich daher von der jeweiligen Eskalationsstufe, auf der sich die Konfliktaustragung befindet, ein Bild verschaffen. Nur solange darauf aufbauend gehandelt wird, kann ein geeignetes Vorgehen gestaltet werden (vgl. Ballreich/Glasl 2007: 45; Mayer 2008: 48).

Glasl (1999: 215) definiert insgesamt neun Eskalationsstufen:

Die erste Eskalationsstufe wird als *Verhärtung* bezeichnet. Die Konfliktbeteiligen verfestigen ihre divergierenden Standpunkte und Meinungen, wodurch es zu einer Verhärtung kommt. Diese werden jedoch auch immer wieder korrigiert. Die Bewusstwerdung von Reibungen führt zu angespannten Verhältnissen und einer vermeintlichen Unlösbarkeit des Konflikts. Auf der zweiten Konfliktstufe, der *Debatte*, agieren die Konfliktbeteiligten in einem zunehmenden Schwarz-Weiß-Denken. Verbale Konfrontationen werden zunehmend härter. In einem Konflikt, der sich auf der dritten Eskalationsstufe befindet, werden *Taten statt Worte* ausgeführt. Sobald die Konfliktaustragenden davon überzeugt sind, ihren Konflikt nicht mehr verbal austragen zu können, stellen sie sich vor vollendete Tatsachen. Gegenseitige Fehlinterpretationen der Taten führen zu einer Beschleunigung der Geschehnisse und des endgültigen Verlusts der Empathie. Ein Konflikt auf der vierten Eskalationsstufe der *Images und Koalitionen* charakterisiert sich dadurch, dass sich gegenseitige Feindbilder durch stereotypes und klischeebehaftetes Denken manifestieren. Die Beurteilung der jeweiligen Gegenposition fällt nicht nur zunehmend negativ aus, es wird auch um Anhänger für den eigenen Standpunkt geworben. Auf der fünften Eskalationsstufe erleiden die Konfliktbeteiligten einen *Gesichtsverlust*. Die moralische Verwerflichkeit der Gegenseite wird öffentlich und offensiv angeprangert, um eigene Ideologien, Werte und Prinzipien in ein gutes Licht zu rücken. Die Polarisierung der Seiten ist dann drastisch zu spüren und kann sogar zu einer Ausstoßung bzw. Isolation führen. Der Kampf um Prinzipien kann zu Forderungen führen, die als *Drohstrategien* eingeleitet werden. Sobald gegenseitige Drohungen als Erpressungsstrategien ausgesprochen werden, befinden sich die Konfliktparteien auf der sechsten Eskalationsstufe. Drohungen können dann auch Ultimata beinhalten, die den Stressfaktor deutlich erhöhen und weitere Drohungen provozieren. Die Schwelle zur siebten Eskalationsstufe ist erreicht, sobald keinerlei menschliche Qualitäten mehr respektiert werden und die Gegenseite verdinglicht wird. Dann wird von *begrenzten Vernichtungsschlägen* besprochen. Alles denkbar Positive an der Gegenseite wird negativ ausgelegt und der mildere Schaden an der eigenen Person als Gewinn verzeichnet. Das Vorantreiben der Vernichtung mündet schließlich in der *Zersplitterung* und damit achten Eskalationsstufe. Das Ziel ist die gänzliche Zerstörung und der Zusammenbruch jeglicher Machtgrundlage der Gegenseite. Übertroffen wird dies nur noch durch den gemeinsamen Sturz in den *Abgrund*. Ist die neunte Stufe der Konflikteskalation erreicht, wird nicht einmal mehr auf die Rettung und Wahrung der eigenen Position Rücksicht genommen. Für die Vernichtung der Gegenseite wird hier sogar der eigene Fall in den Abgrund bzw. Untergang hingenommen (vgl. Ballreich/Glasl 2007: 46; Glasl 1999: 217ff.; Mayer 2008: 50ff.).

### 2.1.2 Zum Begriff System

Ein System wird als Gebilde betrachtet, das sich aus mehreren Individuen konstituiert und diese als Teile des Systems in einer Wechselwirkung zueinander stehen (vgl. Duss-von Werdt 2008: 24). Luhmann (2002) gibt in seinen systemtheoretischen Ausführungen zudem die Bedeutung der Unterscheidung und Abgrenzung eines Systems zu seiner um ein Vielfaches komplexeren Umwelt an. Die Unterscheidung von *System* und *Umwelt* lässt Systeme und auch Systemgrenzen gar erst entstehen, indem klassifiziert werden kann, wer sich in einem System befindet und wer nicht. Ein System kann diesen Überlegungen folgend also als eine Komplexitätsreduktion begriffen werden, das Individuen in ihren sozialen zwischenmenschlichen Beziehungen eine Zugehörigkeit gibt (vgl. von Schlippe/Schweitzer 1998: 55). Mayer (2015b: 67) stellt diese Überlegung wie folgt dar: „Das systemische Denken ist entsprechend zu einer Schlüsselkompetenz geworden, um die immer komplexer erscheinenden Realitäten zu erfassen, zu begreifen und ihnen Sinn zu verleihen".

Die etymologische Bedeutung des Systembegriffs stammt von dem griechischen Wort „*sýstēma* = aus mehreren Teilen zusammengesetztes und gegliedertes Ganzes" (Bibliographisches Institut GmbH 2013a). Die Teile oder Elemente, die ein soziales System bilden sind Menschen, die in einer sozialen Gliederung oder Ordnung das ganze System erzeugen. Eigenschaften, Symptome oder Verhaltensweisen von Individuen werden nicht individuellen Eigenschaften zugeschrieben, sondern im Gesamtkonstrukt eines Systems gesehen. Sie entstehen erst durch die Beziehungsstrukturen der Systemmitglieder, die miteinander kommunizieren und somit wechselseitige Abhängigkeiten verursachen, was wiederum eine gewisse Eigendynamik erzeugt und ein System erhält (vgl. Krieger 1996: 12; Mayer/Hausner 2015: 11ff.; Sparrer 2006: 36; Splinter/Wüstehube 2012: 13; von Schlippe/Schweitzer 1998: 55f.). Diesem Grundsatz folgend wird mit dem System gearbeitet und nicht nur mit der Position eines Einzelnen, da dieser durch seine Abhängigkeit zum Gesamtsystem in seinen Handlungen beeinflusst wird und das durch die Handlungen eines Einzelnen vice versa. Die systemische Betrachtungsweise nimmt folglich das Gesamtsystem mit all seinen Teilen in das Blickfeld, um die Wechselwirkungen, Dynamiken und deren Auswirkungen auf die Systemmitglieder deuten und verstehen zu können (vgl. Mayer 2015b: 72; Sparrer/Varga von Kibéd 2010: 106).

Je nachdem, mit welchem System in der Mediation gearbeitet wird, beispielsweise im Kontext der Familienmediation oder aber im organisationalen Kontext, konstituiert sich die Systemzugehörigkeit. In Familiensystemen wird diese Zugehörigkeit durch Blutsverwandtschaft festgelegt. Die Familienmitglieder stehen in unterschiedlichen Beziehungen zueinander (Mutter zum Vater, die Geschwister zueinander, Kinder zu ihren Eltern, Enkel zu ihren Großeltern, etc.). In Organisationssystemen wird die Systemzugehörigkeit dagegen in der Regel über Arbeitsverträge festgelegt. Auch hier stehen die Mitglieder des Systems in wechselseitigen Beziehungen und Verbindungen zueinander (Vorgesetzter zu Mitarbeitern, Kollegen zu Kollegen, etc.). Jedes System weist entsprechende Ordnungen auf, die es zusammenhalten und es, an die Etymologie des Begriffs System angelehnt, gliedert (vgl. Lauterbach 2012: 138; Ruppert 2003: 20f.).

## 2.2 Mediation

Mediation ist ein Verfahren mit dem Konflikte bearbeitet werden. Eine Mediation setzt meist an der Stelle an, an der die den Konflikt austragenden Parteien – Individuen oder Gruppen – ihr konfliktäres Verhältnis aus eigener Kraft heraus nicht mehr allein aushandeln können.

Besemer (1995: 14) definiert den Begriff Mediation wie folgt: „Wörtlich übersetzt bedeutet „mediation" „Vermittlung". Gemeint ist die Vermittlung in Streitfällen durch unparteiische Dritte, die von allen Seiten akzeptiert werden". Diese unparteiische, neutrale und urteilsfreie Vermittlerfunktion schafft eine Basis dafür, dass die Konfliktparteien sich einander wieder annähern können. Dabei muss jedoch auf die bereits angeführten Konflikteskalationsstufen verwiesen werden. Sobald die fünfte Eskalationsstufe des Gesichtsverlusts (s. Kapitel 2.1.1) erreicht ist, wird es zunehmend schwieriger für die Konfliktparteien, einen eigengenerierten Ausweg aus dem Konflikt zu finden (vgl. ebd.; Ballreich/Glasl 2007: 13f., 47; Barrios 2013: 259; Dulabaum 2001: 8f.; Mayer 2008: 69).

Die folgende Abbildung veranschaulicht die wesentlichen Merkmale der Mediation:

*Abb. 1: Merkmale der Mediation*

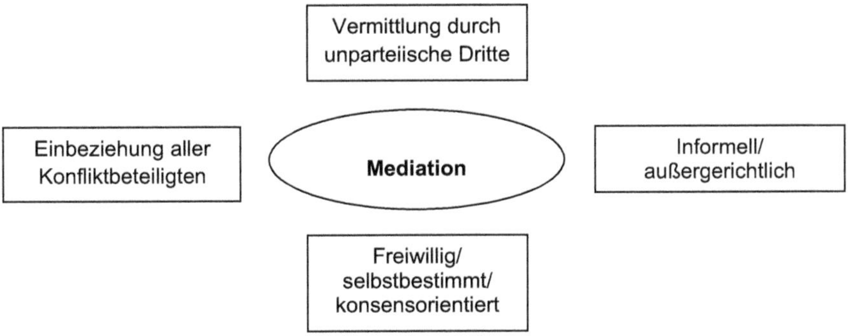

*(Quelle: eigene Darstellung in Anlehnung an Besemer 1995: 15)*

Diese Grundprinzipien der Mediation verdeutlichen die Prozessgestaltung des Verfahrens. Der Grundsatz, auf den jede mediative Sitzung aufbaut, ist die freiwillige Teilnahme der Konfliktparteien an dem Mediationsverfahren sowie der basisdemokratische Vorgang, der es allen Konfliktbeteiligten gleichberechtigt ermöglicht, ihre Sicht auf den Konflikt zu äußern. Mediation bietet einen geschützten, informellen Rahmen für die Konfliktbeilegung. Die Konfliktbeteiligten sind für den Prozess der konstruktiven Konfliktbearbeitung selbst verantwortlich, da sie die genaue Kenntnis über ihren Konflikt und die Umstände, die dazu beitragen, haben. Die eigenverantwortliche Lösungsfindung bestärkt die Konfliktparteien darin, diese auch umzusetzen und nach Abschluss der Mediation weiterhin daran zu arbeiten. Die erarbeitete Lösung sollte für alle Beteiligten gewinnbringend nach dem Win-Win-Prinzip und bedürfnisbefriedigend sein. Die Suche nach Kompromissen weicht einer konsensorientierten Lösungsfindung (vgl. Besemer 1995: 34f.; Dulabaum 2001: 86; Kracht 2002: 383; Mayer 2008: 69ff.; Metzger 2012: 39).

### 2.2.1 Ansätze bzw. Richtungen

In diesem Abschnitt werden ausgewählte Mediationsansätze bzw. -richtungen vorgestellt. Die Ansätze haben sich aus unterschiedlichen Fachrichtungen herausgebildet und beinhalten verschiedene Schwerpunkte. Mediatoren können auf eine Vielzahl an Ansätzen zurückgreifen, die sie meist je nach Ausbildungsstätte, Denkschule oder eigener Überzeugung vertreten.

Der transformative Ansatz baut auf dem Leitgedanken auf, dass Individuen die Fähigkeit besitzen, ihre Haltungen oder Einstellungen zu verändern. Der Konflikt und seine Qualität werden so transformiert, dass alle Parteien die Vermittlung gestärkt verlassen können. Die Transformation der Dynamik eines Konflikts geschieht auf der emotionalen Ebene unter Einbezug gefühlsbedingter Interessen und Bedürfnisse. Dabei werden Gefühle wie Angst, Unsicherheit und Verwirrung in Selbstvertrauen, Klarheit und Entschlossenheit transformiert. Konfliktbedingte Gefühle in Bezug auf die Gegenpartei(en), beispielsweise Abwehr oder Misstrauen, werden durch eine Perspektivübernahme so transformiert, dass die Empathiefähigkeit gestärkt wird und schließlich auch die Sachverhalte eines Konflikts auf einer konstruktiven Basis bearbeitet werden können (vgl. Barrios 2013: 259f.; Mayer 2008: 85).

Ein Konzept, das dem transformativen Ansatz zuzuordnen ist, ist die von Thomann (Thomann/Prior 2007) erarbeitete Klärungshilfe. Sie wurde ursprünglich für die Vermittlung bei Konflikten im Arbeitskontext entwickelt. Die Grundhaltung des Konzepts der Klärungshilfe schließt, dem transformativen Ansatz folgend, die Gefühle und Emotionen, die aufkommen, mit ein. Es wird davon ausgegangen, dass nicht nur die verbale Kommunikation zwischen den Konfliktparteien die Ursache für die Entstehung eines Konflikts ist, sondern ebenso nicht beachtete oder verletzte Gefühle. Entgegen anderen Mediationsansätzen wird das Augenmerk jedoch nicht auf die Interessen und Bedürfnisse gelegt. Das Erkennen und Benennen von Gefühlen bestärken hingegen den Perspektivwechsel und das gegenseitige Verständnis. Dabei werden sowohl sog. harte Gefühle wie Aggression, Ärger, Zorn oder Neid, die oftmals als Vorwürfe anklingen, herausgearbeitet, als auch die weichen Gefühle wie innere Nöte. Durch die Vertiefung etwaiger Gefühle sollen für die Annäherung an eine Konfliktklärung wichtige Veränderungen bewirkt werden. Die Zielsetzung des Mediationsverfahrens mittels der Klärungshilfe ist es, die Konfliktursache zu beheben und eine Klarheit als künftige Basis für die weitere Zusammenarbeit zu gewinnen (vgl. Barrios 2013: 260f.; Metzger 2012: 41ff.; Thomann/Prior 2007: 341).

Ein ähnlicher, ebenfalls die Interessen und Bedürfnisse hinter den divergierenden Standpunkten der Konfliktparteien herausarbeitender Ansatz ist die sog. interest-based mediation. Das Ziel dieses Mediationsmodells, das sich besonders für die frühe Konfliktintervention eignet, ist die Erarbeitung gemeinsamer Interessen. Um die potenziellen gemeinsamen Interessen der Konfliktparteien zu ergründen, wird der Fokus auf die verborgenen Bedürfnisse hinter den Interessen gelegt und dafür weniger auf die Bedürfnisse der vertretenen Position. Die offene Diskussion über Unterschiede und Unstimmigkeiten im Blick auf die eingenommenen Positionen bildet die Grundlage für die Aussprache unterdrückter Gefühle, Ansichten und Bedürfnisse, damit die Gegenseiten das jeweils verurteilte Verhalten und die Agitationen in Bezug auf den Konflikt besser verstehen (vgl. Brown 2002; Burns/Sutton 2006).

Der Ansatz der facilitative mediation ist in seinen Grundwerten darauf ausgerichtet, die Konfliktbearbeitung, wie der Name bereits suggeriert, zu vereinfachen bzw. zu erleichtern. Die Funktion des Mediators besteht darin, den Konflikt zu normalisieren um schließlich die Kommunikationsfähigkeit der Konfliktparteien zu stärken. Der Prozess ist davon geleitet, die Interessen hinter den dargelegten Positionen zu erkennen, um darauf aufbauend nach wirksamen Lösungen zu suchen. Die Erarbeitung von Lösungen findet auf Basis der gegenseitig gelieferten Informationen der Konfliktparteien statt. Der Mediator vertritt die Ansicht, dass nur die Konfliktparteien selbst für sie optimale Lösungen finden können. Unterstützend wirkt dahingehend die Förderung des gegenseitigen Verständnisses für die unterschiedlichen Sichtweisen. Dabei wird ein gegenseitig akzeptiertes Ergebnis angestrebt (vgl. Brown 2002; Integrierte Mediation 2012).

Ein weiterer Mediationsansatz ist die understanding-based mediation nach Gary J. Friedman und Jack Himmelstein (vgl. The Center for Understanding in Conflict 2014). Auch hier gilt: Diejenigen, die für die Entstehung und Eskalation eines Konflikts verantwortlich sind, können ihn auch selbst wieder lösen. Der Leitgedanke der understanding-based mediation ist es, die Konfliktparteien während des Mediationsprozesses zu einem freiwillig evozierten gegenseitigen Verständnis zu leiten anstatt durch Zwang und Nötigung. Gegenseitiges Verständnis zu fördern basiert auf der Annahme, dass dies nur durch die gemeinsame Erarbeitung von Lösungen gelingen kann. Das Verfahren ermöglicht dabei die Suche nach einem produktiven und konstruktiven Weg, um den Konflikt gemeinschaftlich zu bearbeiten (vgl. ebd.).

Ein Ansatz mit einem anderen Schwerpunkt ist das lösungsorientierte Mediationsverfahren. Die lösungsorientierte Konfliktbearbeitung agiert auf der Sachebene. Emotionen und Gefühle werden weitestgehend aus der Konfliktdynamik ausgeschlossen, so dass die Distanzierung der Konfliktparteien von ihren emotionalen Befindlichkeiten als maßgeblicher Erfolgsfaktor für die Lösung des Konflikts bzw. Problems gilt. Ein lösungsorientiertes Mediationsgespräch verläuft sachlich und konstruktiv, ohne Anschuldigungen beispielsweise in Bezug auf verletzte Gefühle. Die Orientierung an der Lösung bedingt gleichzeitig, sich nicht zu sehr auf Ursachen zu fokussieren, sondern sich der Zukunft und dem Ziel der Einigung und Konfliktlösung zuzuwenden (vgl. Barrios 2013: 260; Winkelmann 2014).

Ein an der Harvard-Universität von Fisher et al. (1998) im Rahmen des *Harvard Negotiation Project* entwickeltes Konzept wird ebenfalls als sachbezogener Verhandlungsansatz in der Mediation charakterisiert. Eine Mediation nach dem Harvard-Konzept orientiert sich an folgenden vier Grundprinzipien: (1) Die persönlichen Beziehungen der Konfliktparteien und ihre Sachprobleme getrennt voneinander zu betrachten, (2) sich auf die Interessen hinter den vertretenen Positionen zu konzentrieren, (3) Entscheidungen so zu treffen, dass für alle Beteiligten ein Vorteil entsteht und (4) neutrale Beurteilungs- und Entscheidungskriterien zu berücksichtigen, etwa durch faire und objektive Kriterien, die sich auf die Prinzipien beziehen und ohne Druck oder Drohung ausgehandelt werden. Diese Verhandlungsprinzipien zielen darauf ab, eine konstruktive und friedliche Übereinkunft zu treffen und letztendlich eine für alle Parteien bestmögliche Lösung zu verhandeln, die nicht nur die sachlichen Interessen befriedigt, sondern auch die gute Beziehung der Parteien zueinander erhält. Dieses Ziel wird durch bestimmte Techniken erreicht, die in dem Konzept verankert sind. Zum einen sollen konkrete, auf die Beziehung der Parteien bezogene Vorstellungen ergründet, eine eindeutige Kommunikation geführt und zum anderen auf das Sachproblem bezogene Gefühle ausgesprochen werden. Eine Übereinkunft im Sinne von (3) kann eine gemeinsame Interessenbefriedigung sein. Hierfür werden die jeweiligen Interessen herausgearbeitet, um nach Gemeinsamkeiten zu suchen sowie unterschiedliche Interessen auf einen Nenner zu bringen (vgl. Fisher et al. 1998: 16, 42ff., 68, 108ff., 121ff.).

Ein Ansatz, der ideologische (Verbesserung der Streitkultur) und merkantile (Mediation als Dienstleistung) Prinzipien der Mediation vereint, ist die integrierte Mediation. Der Ansatz der integrierten Mediation fasst das Verfahren nicht als isoliert und eigenständig auf. Es geht vielmehr um die Sicht des Konflikts von einer Metaebene aus. Für die Konfliktvermittlung werden verschiedene Konfliktlösungsverfahren und -ansätze in die Mediation integriert und formen sich somit zu einer Gesamtstrategie, die sich an die jeweiligen Gegebenheiten eines Konflikts situativ anpasst. So kann eine Mediation auch innerhalb eines laufenden Gerichtsverfahrens eingesetzt werden, wobei gleichberechtigt mit den integrierten Verfahren gearbeitet wird (vgl. Trossen 2002: 445, 463ff.). Trossen (2002: 464) definiert den integrierten Mediationsansatz zusammengefasst wie folgt:

> „Integrierte Mediation bezeichnet ein übergeordnetes Konfliktmanagement, das unter bedürfnisorientierter Anwendung mediativer Methoden gegebenenfalls nach Kombination verschiedener Konfliktlösungsverfahren ein strategisches Ziel verfolgt, auf dessen Herbeiführung sich alle Konflikt- und Verfahrensbeteiligten verständigt haben".

Die systemische Mediation stellt einen Ansatz dar, der Konflikte in einen größeren Zusammenhang setzt und sie als System betrachtet (s. Kapitel 2.1.2). Das Ziel der Mediation ist die Lösung des Konflikts und die Prävention neuer Konflikte. Die Konfliktart bezieht sich auf die Muster, die in Systemen (Familie, Organisationen) vorhanden sind und die Austragung und Entstehung von Konflikten determinieren. Ein Konfliktmuster hält sich aufrecht, indem ähnliche Konfliktkommunikationsstile ihn immer wieder entstehen lassen, wobei lediglich die Themen und Ursachen variieren. Die Intervention in Konfliktmuster erfolgt durch die Neugestaltung von gängigen Denk- und Handlungsweisen in Bezug auf das Konfliktverhalten. Die dafür verwendeten Techniken orientieren sich an den systemischen Grundlagen, etwa systemisches Fragen oder aber Methoden der Skulptur- und Aufstellungsarbeit (vgl. DGSYM 2013).

## 2.2.2 Methoden

Mediatoren stehen eine Reihe von Methoden zur Verfügung, die sie als Werkzeuge für die Öffnung und Verbesserung des Dialogs anwenden können. Der Grundsatz, unabhängig davon, welcher Ansatz und welche Methoden angewendet werden, ist die gleichwertige Einbeziehung aller Konfliktparteien. Die nächste Ebene betrifft die Haltung der Medianden zueinander. Hier kann der

Mediator durch den Einsatz bestimmter Methoden das gegenseitige Verständnis fördern (vgl. Dulabaum 2001: 132).

Die aufgelisteten Methoden (s. Tab. 1) zählen zum Basismethodenrepertoire von Mediatoren. Sie werden in den einzelnen Phasen eingesetzt, finden sich in den aufgeführten Mediationsansätzen wieder und bilden die gängigen Techniken der Gesprächsführung (vgl. ebd.: 149ff.):

*Tab. 1: Basismethoden der Mediation*

| Methode | Technik |
| --- | --- |
| **Aktives Zuhören** | Aktives Zuhören ist eine elementare Haltung während des gesamten Mediationsprozesses. Jedem Mediator ist es ein Anliegen, die Aussagen der Medianden richtig zu verstehen. Dabei kann das Gesagte an passenden Stellen zusammengefasst wiedergegeben werden. Das Ziel ist es, auch die Gefühle und Bedürfnisse hinter den Aussagen zu deuten. Mit dieser Technik kann den Medianden das Gefühl vermittelt werden, verstanden und akzeptiert zu werden. |
| **Spiegeln** | Die Technik des Spiegelns kann als eine Art des aktiven Zuhörens verstanden werden. Die Aussagen der Konfliktparteien werden in eigenen Worten in verkürzter Form wiedergegeben. Das Spiegeln von Aussagen trägt dazu bei, Missverständnisse zu vermeiden. Mithilfe des Spiegelns kann der Mediator kontrollieren, ob er auch richtig zuhört und alles richtig versteht. |
| **Reframing** | Beim Reframing werden negativ konnotierte Aussagen in positive Aussagen umformuliert; ihnen wird also ein neuer Rahmen gegeben. Die Umformulierung meist verletzender und provozierender Sätze kann deutlich zur Verbesserung der Gesprächsatmosphäre beitragen und den Konfliktparteien zu einer konstruktiven Auseinandersetzung mit dem Konflikt verhelfen. |
| **Ich-Botschaften** | Die Konfliktparteien sollen dazu ermutigt werden, ihre persönlichen Sichtweisen und ihre Gefühle zu schildern. Ich-Botschaften sollten also sowohl Informationen als auch Emotionen transportieren und Sätze mit „wir" oder „Du" vermeiden. Durch das Aussprechen von Ich-Botschaften können die Medianden sich selbst bewusst machen, was sie fühlen. Sie nehmen der Gegenseite zudem das Gefühl bedrängt zu werden, da keine Schuldzuweisungen innerhalb einer Ich-Botschaft ausgesprochen werden sollten. |
| **Einzelgespräche** | In Einzelgesprächen können die Konfliktseiten ohne Scheu vor der Reaktion der Gegenseite(n) ihren Standpunkt darlegen und all das aussprechen, was im direkten Beisein der/des übrigen Konfliktpartei(en) eine zu große Überwindung darstellt. Für besonders stark verhärtete Konflikte kann diese Methode hilfreich sein, um den Medianden die Anspannung zu nehmen. |
| **Brainstorming** | Beim Brainstorming werden alle Ideen und Vorschläge für die Lösungsfindung unkommentiert und ungefiltert zusammengetragen und daraufhin für den weiteren Fortgang selektiert. |

| Methode | Technik |
|---|---|
| Fragen stellen | Das Formulieren gezielter Fragen verfolgt ein ähnliches Ziel wie das aktive Zuhören: Die Positionen der Konfliktparteien besser verstehen zu können um den Bedürfnissen gerecht zu werden. Dafür sind Fragetechniken sehr hilfreich, wie zirkuläres Fragen, offene und geschlossene Fragen oder auch suggestive Fragen, systemische Fragen, Skalenfragen und hypothetische Fragen oder aber die Wunderfrage. Diese (und weitere) Fragetechniken verschaffen auch den Konfliktbeteiligten neue Sichtweisen und Denkmöglichkeiten in Bezug auf die eigenen Person und die der anderen. |
| Paraphrasieren | Beim Paraphrasieren werden die Aussagen der Medianden in eigenen Worten im Wesentlichen wiedergegeben. Diese Methode trägt dazu bei, den Parteien ihre Sichtweisen bewusst werden zu lassen. |
| Doppeln | Doppeln bedeutet, dass der Mediator stellvertretend für eine der Konfliktparteien ausspricht, was diese zu bewegen scheint. Dabei werden für den Medianden möglicherweise schwer zu äußernde Gefühle, Bedürfnisse und Interessen herausgearbeitet. Die gedoppelte Person ist dazu aufgefordert, die Aussage zu ergänzen, um- oder neu zu formulieren. |
| Perspektivwechsel | Ein Perspektivwechsel sollte angeregt werden, um den Konfliktparteien die Position der jeweiligen Gegenseite(n) zu verdeutlichen, indem die Perspektive des Anderen eingenommen wird. Der Wechsel der Perspektive kann erheblich dazu beitragen, das Verständnis für den Standpunkt der anderen Partei zu fördern und die eigene Sicht in Frage zu stellen. Ein Rollenspiel ist u.a. eine geeignete Technik für einen Perspektivwechsel. Auch der Platztausch der Konfliktparteien kann einen Perspektivwechsel anregen. |
| Metaphern | Der Einsatz von Metaphern kann zu Beginn, während und auch zum Abschluss einer Mediation eingesetzt werden. Darunter werden das Erzählen von Kurzgeschichten oder Märchen gefasst. Die Verwendung von Metaphern kann zur Einfühlung in andere Perspektiven beitragen und verschiedene Sichtweisen in veränderter, abstrakter Form erfahrbar werden lassen. |
| Körpersprache deuten | Neben den verbalen Äußerungen der Beteiligten einer Mediation beinhalten nonverbale Signale, die das Gegenüber empfängt, wichtige Informationen. Die Aufgabe des Mediators ist es, auch die nonverbale Kommunikation zu registrieren. Die Sitzhaltung und Ausrichtung der Medianden zueinander sagen bereits sehr viel über ihr Verhältnis und die einzelnen Positionen aus. Auffallende Körperhaltungen etwa können in eine offene Frage umgewandelt werden, um deren Hintergründe zu klären. |

*(Quelle: eigene Darstellung; vgl. Ballreich/Glasl 2007: 89ff.; Besemer 1995: 19f., 116ff.; Carmann/Schulte-Derne 2005: 297ff.; Dulabaum 2001: 108ff., 131f., 140, 191; Mayer 2008: 113ff.; von Schlippe/Schweitzer 1998: 137ff.).*

### 2.2.3 Idealtypischer Phasenverlauf

Die Phasen gestalten den Verlauf einer Mediation. In den einzelnen Phasen kommen die im vorangegangenen Abschnitt beschriebenen Methoden zum Einsatz. Ein flexibler Umgang mit den Methoden und der Überleitung in die Phasen ist dabei abhängig von der Mediationssituation und sollte sich eines dynamischen und offenen Prozesses anpassen (vgl. Breidenbach/Falk 2005: 260). Obwohl es aus den Reihen der Anwender Variationen in Bezug auf die Anzahl und die jeweiligen Bezeichnungen der Phasen gibt (vgl. u.a. Ballreich/Glasl 2007: 62ff.; Breidenbach/Falk 2005: 260f.; Montada/Kals 2007: 220ff.; Proksch 1998: 26ff.), wird hier ein idealtypisches Ablaufschema nach Besemer (1995: 56ff.) vorgestellt, das von dem klassischen Fünf-Phasen-Modell der Mediation ausgeht und sich nach Richtlinien des Bundesverbands Mediation e.V. richtet:

*Vorphase: Kontaktherstellung*
- erste Kontaktaufnahme der Konfliktparteien zum Mediator
- Informationen über den vorliegenden Konfliktfall zusammentragen und das Vorgehen planen
- Vorgespräche führen (sog. Vormediation); oftmals im Einzelsetting

*Phase 1: Einleitung*
- angenehme Atmosphäre erzeugen
- Vorstellung der eigenen Person und Begrüßung der Konfliktparteien
- Informationsstand darlegen und Einschätzung der Medianden einholen
- Mediationsverfahren erläutern, die Rolle des Mediators erläutern, Mediationsregeln klären bzw. aushandeln
- aufkommende Fragen klären
- Bereitschaft für das Verfahren bestätigen lassen
- organisatorische Punkte klären
- Reihenfolge der zu besprechenden Themen festlegen

*Phase 2: Darstellung der Sichtweisen*
- Konfliktparteien können ihre Sicht auf den Konflikt darlegen
- aktives Zuhören und Nachfragen durch den Mediator
- Zusammenfassung und Betonung der wichtigsten Aspekte
- Rückmeldung der Medianden wenn möglich direkt an die jeweilige Gegenseite
- Aussagen spiegeln
- Gemeinsamkeiten und Differenzen aufschlüsseln

*Phase 3: Konflikterhellung und Vertiefung*
- abwechselnde Befragung der Konfliktparteien zu den vorliegenden Problemen
- bislang nicht aufgekommene Gefühle, Bedürfnisse, Interessen, Motive und Konflikthintergründe herausarbeiten
- Wünsche und Idealvorstellungen aussprechen lassen
- bei Wünschen, positiven Aussagen und Ich-Botschaften die direkte Kommunikation zwischen den Konfliktparteien herstellen
- Reaktionen der Gegenseite erfragen
- Ergebnisse zusammenfassen

*Phase 4: Problemlösung und Entwurf von konkreten Lösungen*
- Brainstorming zu Lösungsmöglichkeiten, die alle Interessen bestmöglich berücksichtigen
- Bewertung und Auswahl der gesammelten Lösungsvorschläge; dabei spiegelt der Mediator das Gesagte und fasst noch einmal zusammen
- Lösungen ausarbeiten und Umsetzbarkeit überdenken

*Phase 5: Übereinkunft*
- einen Konsens finden (Win-Win-Prinzip) statt Kompromisse einzugehen
- Übereinkunft formulieren
- Umsetzung und Umgang mit künftig auftretenden Problemen diskutieren
- schriftliche Fixierung der verbindlichen Übereinkunft und Unterschrift aller Parteien
- Dank an die Parteien für die konstruktive Klärung des Konflikts
- gegebenenfalls ein Nachfolgegespräch vereinbaren um Übereinkünfte zu überprüfen und auszuwerten

## 2.2.4 Rolle und Haltung des Mediators

Die Haltung der Vermittlerrolle in der Mediation geht mit den Prinzipien einher (s. Kapitel 2.2). Während die Medianden die Experten für ihren Konflikt sind, konstituiert sich die Rolle des Mediators als Experte für das Verfahren und den Prozess. Seine Aufgaben und Handlungsweisen stellen die Grundmerkmale der Mediation dar: Allparteilichkeit und Neutralität. Allparteilichkeit bedingt eine neutrale Haltung. Diese Haltung verliert ein Mediator, sobald Konfliktparteien sich benachteiligt fühlen und davon ausgehen, der Mediator bestärkt die Gegenpartei(en) in ihrer Argumentation. Folglich sollte die Person des Mediators darauf Acht geben, alle am Konflikt Beteiligten möglichst ausgewogen zu Wort kommen zu lassen und sie, sollte ein Ungleichgewicht entstehen, dazu ermutigen, sich zu äußern. Die Akzeptanz der verschiedenen Persönlichkeiten mit ihren Stärken und Schwächen ist ein anerkennender und respektvoller Haltungsgrundsatz, der jegliche Bewertung ausschließt und gleichzeitig die Fähigkeit stärkt, für alle vertretenen Positionen Partei ergreifen zu können. Eine weitere Aufgabe ist die Wahrung der Eigenverantwortlichkeit der Medianden hinsichtlich der Lösungserarbeitung und Bestimmung der Inhalte. Dies ist den Konfliktparteien selbst überlassen, der Mediator schafft dafür den Rahmen und begleitet den Prozess. Des Weiteren bietet der Mediator einen geschützten Raum für alle Beteiligten, der die Vertraulichkeit sicherstellt und es den Medianden gestattet, ihre Bedürfnisse, Gefühle und Interessen zu offenbaren. Ohne Vertrauen der Medianden in den Mediator und das Verfahren ist es unmöglich, sich zu öffnen und auf den Prozess wahrhaftig einzulassen (vgl. Ballreich/Glasl 2007: 53f.; Besemer 1995: 18f.; Dulabaum 2001: 18; Henschel 2006: 16; Kracht 2002: 364ff.; Mayer 2008: 73, 102; von Schlippe/Schweitzer 1998: 119).

Neben diesen, an das Mediationskonzept angelehnten Aspekten sind soziale, zwischenmenschliche und emotionale Kompetenzen erforderlich. Zudem sollten Mediatoren ein starkes Selbstwertgefühl haben und sich stets zur Selbstreflexion anregen (vgl. Dulabaum 2001: 12).

### 2.2.5 Klassische Anwendungsfelder

Mediation kann prinzipiell in allen Situationen eingesetzt werden, in denen Menschen sich streiten. Diese Gegebenheit impliziert die Vielfältigkeit von möglichen Mediationsfällen. Beispielhaft können hier die (1) Familienmediation bei Trennungen, Scheidungen, ehelichen oder partnerschaftlichen Streitigkeiten oder Sorgerechtsstreits, (2) Schulmediation als Vermittlung zwischen Schülern, Schülern und Lehrern, zwischen Lehrkräften oder Lehrern und Eltern und (3) Arbeits- und Wirtschaftsmediation bei innerbetrieblichen Konflikten, als Konfliktklärung zwischen Mitarbeitern, Mitarbeitern und Vorgesetzten, der Geschäftsführung oder in bestimmten Projektgruppen genannt werden. Mediation zwischen Unternehmen, die durch eine Kooperation ein Arbeitsverhältnis eingehen und gemeinsam wirtschaften, kann ebenfalls eintreten. Auch hier birgt sich Konfliktpotenzial durch unterschiedliche betriebliche Abläufe oder das Aufeinandertreffen von Unternehmenskulturen, die sich nicht immer problemlos vereinen lassen. Mediationen in Verwaltungen, der Politik, im Kontext der Rechtsberatung im öffentlichen Recht (Nachbarschaftskonflikte) und dem Strafrecht (Täter-Opfer-Ausgleich) sind ebenso Einsatz- und Anwendungsfelder.

Je nachdem in welchen Kontexten gearbeitet wird, konstituieren sich die jeweiligen Klientensysteme (vgl. Ballreich/Glasl 2007: 16; Besemer 1995: 21; Bundesverband Mediation e.V. 2009; Dulabaum 2001: 10; von Alm/Knapp 2008: 16).

Auch Mediation in interkulturellen Kontexten ist eine Variante der zahlreichen Mediationsfelder, der sich der folgende Abschnitt gesondert widmet.

### 2.2.6 Interkulturelle Mediation

In Zeiten von Internationalisierung und Globalisierung ist die Begegnung mit fremden Kulturen ein allgegenwärtiger Bestandteil des modernen Zusammenlebens. Sowohl im alltäglichen Leben als auch im geschäftlichen Kontext herrschen Diversität und Pluralität als eingeschlossene Konzepte. Damit steigert sich die Vielfalt, die Differenz aber auch die Komplexität moderner Gesellschaften. Mediation hat dabei das Potenzial, interkulturelle Verständigung konfliktfrei zu gestalten und mögliche Konflikte, die aufgrund anderer kultureller, ethnischer oder nationaler Zugehörigkeit auftreten, zu deeskalieren und bei Missverständnissen zu vermitteln. Sie fördert die gegenseitige Akzeptanz und das Verständnis für Andersartigkeit. In interkulturellen Mediationskontexten ist daher die Auflösung von stereotypen, angelernten und klischeebehafteten Meinungen über andere Kulturen von großer Bedeutung. Insbesondere die Methode des Perspektivwechsels (s. Kapitel 2.2.2) kann dabei helfen, die eigenen Denkweisen und Einstellungen zu verlassen um fremde Ansichten besser verstehen zu können. Mediation im Kontext interkultureller Konfliktvermittlung sollte kultursensibel und kulturrelativistisch gestaltet werden und wichtige kulturspezifische Parameter beachten, beispielsweise ob der Umgang mit Konflikten eher explizit oder implizit verläuft oder welcher Kommunikationsstil vorherrscht. Auch die unterschiedlichen Werteorientierungen müssen in einem Mediationsprozess berücksichtigt werden. Dies stellt eine deutlich höhere Herausforderung für Mediatoren dar, als intrakulturelle Mediationsverfahren und erfordert interkulturelle Kompetenz, eine kulturübergreifende Empathiefähigkeit und gesondertes kulturspezifisches Wissen (vgl. Besemer 1995: 108; Bundesverband Mediation e.V. 2014b; Dulabaum 2001: 96; Henschel 2006: 15f.; Mayer 2008: 123ff., 2013: 84).

## 2.3 Aufstellungsarbeit

In diesem Abschnitt zu den theoretischen und begrifflichen Grundlagen für die empirische Studie wird abschließend das Verfahren der Aufstellungsarbeit beleuchtet.

Aufstellungen können als Analyse- und Bearbeitungsinstrument für verschiedene Anliegen, beispielsweise ein Problem oder ein Konflikt, verwendet werden, in denen die Systemmitglieder und relevanten Faktoren sowie ihre Beziehungen zueinander in einem dreidimensionalen Raum dargestellt werden. Aufstellungen sind ein beliebtes Verfahren, um Klienten die Möglichkeit zu geben sich das System, dessen Teil sie sind, aus einer alternativen Metaperspektive, anzuschauen. Die Perspektivänderung bzw. die Veränderung des Blickwinkels kann Personen im Hinblick auf ihr Anliegen eine neue, verbesserte Sichtweise eröffnen, die im alltäglichen Austausch mit dem eigenen System so nicht möglich ist. Darüber hinaus können Aufstellungen für die Erarbeitung von Lösungen eingesetzt werden. Die Lösungsorientierung ist dabei das Prinzip, welches sich auf die verfügbaren immanenten Ressourcen des Systems bezieht. Der Fokus liegt demnach nicht auf der reinen Beschäftigung mit einem Problem oder Konflikt, sondern in erster Instanz auf der Suche nach für das System wirksamen Lösungen (vgl. von Schlippe/Schweitzer 1998: 124). Allein die räumliche Darstellung von Problemen kann oftmals bereits die Suche nach Lösungen einleiten.

Die wohl bekannteste Verfahrensart der Aufstellungsarbeit wird mit menschlichen Repräsentanten durchgeführt. Repräsentanten, auch Stellvertreter genannt, verkörpern im Rahmen einer Aufstellung das System mit seinen Elementen[2], haben aber keine persönlichen Bindungen, da sie systemfremd sind. Diese werden von einer Person, dem sog. Fallbringer oder Klienten, ausgewählt und in Beziehung zueinander im Raum positioniert. Stellvertreter können sowohl Personen (die Systemmitglieder) oder Abstrakta (ein Ziel, eine Aufgabe oder ein konkretes Ereignis) repräsentieren. Das Bild, das bei der Anordnung der systemrelevanten Elemente entsteht, entspricht dem inneren Bild des Fallbringers, so wie er die Beziehungen der einzelnen Systemelemente intuitiv sieht und in Beziehung zueinander anordnet. Auf diese Weise kommen die Strukturen und Beziehungskonstellationen präzise und visualisiert zum Vorschein, sie werden also externalisiert. Sobald das Aufstellungsbild steht, befragt die Person des Aufstellungsleiters (s. Kapitel 2.3.4) die Stellvertreter zu ihren körperlichen Empfindungen, in welche Richtung ihr Blick geht und wie sie die Nähe bzw. Distanz zu den anderen Systemelementen wahrnehmen. Ein wesentlicher Faktor in Aufstellungen ist, dass jegliche Anliegen die im Rahmen einer Aufstellung geklärt werden, mit dem ganzen Körper als „Wahrnehmungsorgan für zwischenmenschliche Beziehungen" (Weber et al. 2005: 59) gespürt werden können. Die entscheidende Voraussetzung, sich auf die Aufstellungsarbeit und die Stellvertreterrolle einzulassen, ist

---

2   Im weiteren Verlauf der Studie werden die Bezeichnungen „Systemelemente" und „Systemmitglieder" synonym verwendet.

demzufolge die Überwindung jeglicher Abwehr- und Verdrängungsreaktionen (vgl. Ruppert 2003: 29).

Die Aussagen, die die Repräsentanten geben, werden nach Varga von Kibéd und Sparrer (2005: 205f.) als „repräsentierende Wahrnehmung" bezeichnet. Die spontanen Rückmeldungen der Repräsentanten bezüglich der Frage nach ihren körperlichen Empfindungen und Wahrnehmungen sind demnach nicht auf die reale Persönlichkeit zurückzuführen, sondern auf die Wahrnehmungen in der „Rolle" als Systemmitglied, sobald die Stellvertreterposition eingenommen wird. Die Interkationen zwischen den stellvertretenden Systemelementen bilden die Grundlage für die Arbeit mit der Aufstellungsmethode, da sie die Beziehungsverhältnisse der Systemmitglieder und die Systemverstrickungen aufdecken. Dabei wird oftmals postuliert, dass es hohe Übereinstimmungen mit den Befindlichkeiten, Emotionen und Haltungen der repräsentierten Systemmitglieder gibt (vgl. Kohlhauser/Assländer 2005: 18f.; Mayer/Hausner 2015: 11; Mayer 2015b: 74; Ruppert 2015: 167; Sparrer 2002: 103, 2006: 17f.; Splinter/Wüstehube 2012: 8; Varga von Kibéd/Sparrer 2005: 205; Weber et al. 2005: 17).

Wichtige Prinzipien der Aufstellungsarbeit sind zum einen die Freiwilligkeit seitens der Klienten und Repräsentanten gleichermaßen. Eine unfreiwillige Teilnahme an einer Aufstellung kann den Lösungsprozess erheblich hemmen und zu verzerrten Bildern führen. Für die Bearbeitung eines Anliegens muss folglich ein echter Veränderungswunsch vorhanden sein. Zum anderen ist der vertrauliche Umgang mit dem, was innerhalb einer Aufstellung geschieht, zu beachten. Bei den Beteiligten einer Aufstellung zeigen sich teils starke Gefühlsregungen; alle Mitwirkenden öffnen sich und bringen ihre Emotionen und Gedanken in dem Kreis zum Ausdruck. Die thematisierten Inhalte und der Verlauf des Prozesses dürfen dabei ebenso wenig nach außen getragen werden, sondern bleiben stets in dem geschützten Raum der Aufstellung (vgl. Kohlhauser/Assländer 2005: 57f.; Ruppert 2003: 198f.).

Im Sinne einer lösungsorientierten Herangehensweise werden prozessbegleitende Interventionsformen eingesetzt, die den Lösungsprozess transformieren, erweitern und gegenwärtige Strukturen zerlegen. Dies geschieht durch die Stellungs- und Prozessarbeit. Die Stellungsarbeit meint die räumliche Umstellung der Systemelemente, die zu einer wesentlichen Verbesserung ihrer Befindlichkeiten beitragen soll. Sofern sich beispielsweise im Anfangsbild noch der Rücken gekehrt wurde und der Impuls besteht, sich umzudrehen, sagt das bereits viel über den Veränderungsprozess des Systems aus. Auch die Veränderung der Entfernung gibt wichtige Hinweise auf die Dynamik der Beziehungsstrukturen. Zusätzlich können bei der Stellungsarbeit fehlende, nicht mehr allgegenwärtige oder ausgegrenzte Systemelemente ergänzt und damit als Teil des Systems anerkannt werden.

Der Durchlauf mehrerer Lösungsoptionen ermöglicht zudem das Aufzeigen von Alternativen (vgl. Huyssen 2015: 177; Kohlhauser/Assländer 2005: 14ff.; Mayer/Hausner 2015: 13; Sparrer: 2002: 112; Splinter/Wüstehube 2012: 8; Varga von Kibéd/Sparrer 2005: 196; Weber et al. 2005: 143f.).

Die Prozessarbeit fokussiert und vertieft den Prozess der Beziehungsklärung. Dies umfasst beispielsweise die Durchführung von Ausgleichsritualen in Form von Geben und Nehmen, beispielsweise durch die Übergabe eines symbolischen Gegenstands. Gesten sind ein wichtiger Bestandteil für Anerkennung und Wertschätzung. Auch Blickkontakt als Zeichen von Beachtung oder die Aussprache kraftvoller Sätze wie „Ich danke dir für..." oder „Es tut mir leid, dass..." (Weber 2002: 37) tragen zur Klärung von Beziehungsverstrickungen bei. All diese Prozesse sollten jedoch mit viel Sensibilität durchgeführt werden (vgl. Baxa/Essen 2000: 146; Ruppert 2003: 77; Varga von Kibéd/Sparrer 2005: 212f.).

Eine Aufstellung wird beendet, sobald sich ein Bild der geordneten Ganzheit zeigt. Alle Systemmitglieder sollten dann an einem Platz stehen, der ihnen Zugehörigkeit und Verbundenheit vermittelt. Nach Abschluss einer Aufstellung wirken die Eindrücke und entstandenen Bilder meist noch nach, so dass die Arbeit häufig mit weiteren Beratungsverfahren fortgesetzt wird (vgl. Kohlhauser/Assländer 2005: 16; Lauterbach 2012: 137; Weber et al. 2005: 146).

### 2.3.1 Ursprung und Entstehung

Virginia Satir gilt als eine Pionierin und Wegbereiterin der Aufstellungsarbeit. Sie stellte in ihrer Familientherapie familiäre Situationen mithilfe von Rollenspielern dar. Aus diesem Ansatz entstanden verschiedene therapeutische Verfahren; beispielsweise die Familienskulptur.[3] Die Anwendung der Familienskulptur ist ein statisches Verfahren, das der Arbeit eines Bildhauers gleicht, der eine Skulptur oder Figur modelliert. Bei der Skulpturaufstellung nehmen die Klienten charakterisierende Mimiken und Gestiken ein und stellen diese als Skulptur dar. Dabei sind auch Parameter wie Nähe und Distanz ausschlaggebend für die Anordnung der Skulpturen. Satir konnte mit dieser Form der Darstellung implizit vorhandene Beziehungsstrukturen sichtbar werden lassen und Veränderungsprozesse einleiten (vgl. Lauterbach 2012: 132f.; Satir/Baldwin 1988: 192ff.; Sparrer 2002: 101f.; von Schlippe/Schweitzer 164f.). Satir leitete mit ihrem Ansatz grundlegende Überlegungen für die Aufstellungsarbeit ein. Die Familien, die sie therapierte,

---

3 Eine ausführliche Beschreibung weiterer, für diesen Abschnitt nicht primär bedeutender Techniken findet sich in Satir/Baldwin (1988: 193ff.), vgl. auch Klein/Limberg-Strohmaier (2012: 86ff.).

betrachtete sie als ein System, dessen Zugehörige sich wechselseitig beeinflussen. Gemäß dem systemischen Denken bedingt die Veränderung eines Einzelnen folglich die Veränderung aller. Damit brachte Satir alle Familienangehörigen in das Zentrum der Betrachtung, distanzierte sich somit von der bis dato typischen Einzeltherapie und versuchte durch diesen integrativen Ansatz, die Ursachen und Symptome für Störungen oder Probleme innerhalb von Systemen aufzuspüren und aufzulösen (vgl. Klein/Limberg-Strohmaier 2012: 82f., 92f.; Satir/Baldwin 1988: 157).

Satirs Schülerin Thea Schönfelder wandte die Skulpturarbeit später im Kontext der psychiatrischen Begleitung von Patienten an. Daraus leitete der Familientherapeut Bert Hellinger, der sich ebenfalls u.a. durch Satir inspirieren ließ, seine Methodik des Familienstellens ab (vgl. Mayer/Hausner 2015: 11). Hellinger steigerte den Bekanntheitsgrad der Aufstellungsarbeit im Rahmen der Familientherapie immens. Neben diesen Verdiensten sind seine Ansätze, Settings und der Umgang mit Klienten bis heute dennoch umstritten. Hellinger arbeitet mit nur wenigen Basisdaten eines Familiensystems mittels rituellen Sätzen, Gesten oder Metaphern für die Suche nach Lösungen und verzichtet auf detaillierte Personenbeschreibungen. Aus der Familienaufstellung heraus übertrug Hellinger diesen Ansatz auch erstmals in den Organisationskontext, woraus sich durch die weitere Arbeit seines Schülers Gunthard Weber und dessen Kollegin Brigitte Gross die heute von vielen Beratern verwendete Methode der Organisationsaufstellung ergab. Darüber hinaus haben Matthias Varga von Kibéd und Insa Sparrer zur Popularität und Bekanntheit von Aufstellungsarbeit beigetragen. Sie vervielfältigten mit der Entwicklung der Systemischen Strukturaufstellungen die Aufstellungsformen und -varianten und grenzen sich mit ihrem systemisch-konstruktivistischen Ansatz deutlich von Hellingers phänomenologischer Herangehensweise ab (vgl. infosyon 2014b; Klein/Limberg-Strohmaier 2012: 68f., 110; Lauterbach 2012: 133f.; Mayer/Hausner 2015: 11; Sparrer 2002: 100f.; Splinter/Wüstehube 2012: 9; von Schlippe/Schweitzer 1998: 42f.).

Der Arzt und Psychiater Jacob L. Moreno gilt neben Satir als Pionier der Aufstellungsarbeit und des systemischen Ansatzes. Moreno begriff Individuen als Teile eines Systems und die Gesellschaft als eine Zusammensetzung unterschiedlicher Subsysteme (vgl. Moreno 1974: 385). In seiner Methode des Psychodramas setzte er Rollenspieler ein, um Szenen auf einer Bühne nachzuspielen; gleich einer Theaterinszenierung. Der Grundgedanke dieses Ansatzes ist es, die unterschiedlichen Positionen der Betroffenen zu verstehen und aufzuzeigen. Eine weitere Methode Morenos, die einen großen Einfluss auf die Aufstellungsarbeit ausübte, ist die Soziometrie. Dabei wird das Prinzip verfolgt, verborgene Strukturen, Beziehungen und Dynamiken der Systemteile in einer

Soziomatrix zu erfassen und in einem Soziogramm graphisch darzustellen, um ihre sozialen Zusammenhänge zu begreifen und analysieren zu können. Moreno strebte mit der Soziometrie überdies ein harmonischeres Zusammenleben von sozialen Gruppierungen an. Diese Methode wandte er in großen Gruppenkonstellationen im Rahmen seiner Psychotherapie an (vgl. Gleich 2008: 12f.; Klein/Limberg-Strohmaier 2012: 76f.; Lauterbach 2012: 131; Leutz 1974: 7; Moreno 1974: 19, 97, 412ff.; Sparrer 2002: 101).

Die Pionierarbeit Morenos und Satirs beeinflusst noch heute die Ausübung von Aufstellungsarbeit (s. Kapitel 2.3.3).

### 2.3.2 Ausgewählte Aufstellungsmethoden

Bevor die theoretischen Konzepte weiterer Aufstellungsformen vorgestellt werden, widmet sich der folgende Abschnitt zwei ausgewählten Methoden, um die Möglichkeiten der Einsatzbereiche von Aufstellungsarbeit und den Facettenreichtum aufzuzeigen.

#### 2.3.2.1 Systemische Strukturaufstellungen

Systemische Strukturaufstellungen können für die unterschiedlichsten Systeme angewendet werden. Varga von Kibéd und Sparrer, die Begründer, begreifen ihre Methode als eine Sprache, genauer bezeichnen sie es als transverbale Sprache, die nur das Gesamtsystem sprechen kann. Mit der Bezeichnung Struktur ist gemeint, dass die Beziehungsstrukturen eines Systems aufgestellt und in einem Bild sichtbar werden. Die im Aufstellungsbild visualisierten Strukturen geben an, wem es im System gut geht, wem nicht, wer abseits steht, ausgeschlossen wird oder wer sich sehr nah steht. Diese Informationen liefern die Repräsentanten (s. Kapitel 2.3) durch ihre Aussagen, ihre Körperhaltung, Gestik und Mimik. Der Leitgedanke ist die Veranschaulichung, Untersuchung und Veränderung des Systems (vgl. Sparrer 2006: 17; Sparrer/Varga von Kibéd 2010: 43).

Mit Systemischen Strukturaufstellungen können u.a. Entscheidungen, körperliche Symptome[4], Ziele, Entscheidungen und Alternativen aufgestellt werden (vgl. Sparrer 2006: 99). Insgesamt führen Varga von Kibéd und Sparrer über 50 Arten von Strukturaufstellungen an.[5] Ihnen gemein sind grammatische

---

4   Einen umfassenden Beitrag zur Intervention mittels Aufstellungsarbeit für die Salutogenese und Heilung körperlicher Erkrankungen liefern aktuell Mayer und Hausner (2015).
5   Eine vollständige Liste findet sich in Varga von Kibéd/Sparrer (2005: 237ff.).

Grundannahmen und Metaprinzipien[6] (vgl. Sparrer 2002: 143; Varga von Kibéd/ Sparrer 2005: 171). Beispielhaft zu nennen sind die Tetralemmaaufstellung zur Entscheidungsfindung, die Glaubenspolaritätenaufstellung für die Arbeit an Glaubensfragen, die Problemaufstellung, die lösungsfokussierte Systemische Strukturaufstellung für die Bearbeitung eines konkreten Ziels sowie die Konfliktaufstellung (vgl. Sparrer 2002: 143ff.; Sparrer/Varga von Kibéd 2010: 81; Varga von Kibéd/Sparrer 2005: 171ff.).

### 2.3.2.2 Organisationsaufstellungen

Die Methode der Organisationsaufstellung wird als Beratungsinstrument in Arbeitskontexten eingesetzt. Organisationsaufstellungen haben sich aus den von Bert Hellinger verbreiteten Familienaufstellungen heraus entwickelt (vgl. Sparrer 2002: 161). In den letzten Jahren haben sich immer mehr Berater im Bereich Organisationsentwicklung mit Aufstellungen in beruflichen Kontexten befasst. Das unmittelbare Sichtbarwerden von komplexen Beziehungsgeflechten und der ganzheitliche Blick auf ein Unternehmen oder eine Organisation sind besondere Anreize für den Organisationsbereich, da mit vergleichsweise geringem Zeit- und Kostenaufwand mögliche Konflikte oder andere Themen aufgedeckt und bearbeitet werden können. Franz Ruppert (2003) spricht in diesem Kontext von Arbeitsbeziehungssystemen, die darauf ausgerichtet sind, Ergebnisse und Aufgaben zu erfüllen. Eine erfolgreiche Zusammenarbeit der einzelnen Systemmitglieder auf der Geschäfts- und Arbeitsbeziehungsebene kann mit einer guten Beziehung zueinander gefördert werden, problembehaftete Beziehungen hingegen erschweren die Zusammenarbeit (vgl. ebd.: 20; Gleich 2008: 7; Klein/ Limberg-Strohmaier 2012: 40).

Mögliche Konfliktherde in Organisationen können u.a. solche zwischen Vorgesetzten und ihren Mitarbeitern, Konflikte innerhalb eines Teams bzw. einer Abteilung oder Konflikte mit Kunden und Lieferanten sein. Mit Aufstellungen lassen sich aber nicht ausschließlich Konflikte oder Probleme bearbeiten, auch Abstrakta wie beispielsweise Fragen der künftigen strategischen Ausrichtung, die Entwicklung des Unternehmens und die verfügbaren Ressourcen, Personalentscheidungen und viele weitere Anliegen lassen sich aufstellen (vgl. Ruppert 2003: 22ff.; Weber 2000: 80ff.).

---

6  Auf die grammatischen Grundannahmen und Metaprinzipien wird im Rahmen dieser Studie nicht weiter eingegangen, diese finden sich in Varga von Kibéd/Sparrer (2005: 179ff.).

### 2.3.3 Aufstellungsformen

Nachdem sich bereits einleitend mit den Grundprinzipien des Aufstellungsverfahrens befasst und die Historie von Aufstellungsarbeit dargestellt wurde, widmet sich dieser Abschnitt ausgewählten Formen und Ausprägungen von Aufstellungsarbeit.

Nicht in jeder Situation sind menschliche Stellvertreter, die ein System verkörpern sollen, verfügbar. Besonders im Rahmen von Einzel- oder Paarberatungen und bei der Arbeit in Organisationen bzw. Unternehmen mit geschlossenen Teams sind die Bedingungen dafür bisweilen nicht gegeben. In solchen Fällen kann eine Aufstellung an Stelle von menschlichen Repräsentanten mit Repräsentationsgegenständen oder aber den Involvierten selbst durchgeführt werden. Eine Möglichkeit, eine Aufstellung mithilfe von nicht personalen Repräsentationsmedien durchzuführen, ist die räumliche Positionierung von Bodenankern. Als Bodenanker dienen beispielsweise Kissen, Papier, Filzmatten oder Schuhe. Diese werden analog zu dem Vorgang in Aufstellungen mit menschlichen Repräsentanten intuitiv und zügig im Raum in Beziehung zueinander angeordnet. Auch hier sind die entscheidenden Parameter der Abstand, die Richtung und der Winkel, in dem die Symbole sich zueinander befinden und den Ausdruck der Systembeziehungen symbolisieren. Klienten haben hier die Möglichkeit, sich auf die einzelnen Positionen zu stellen und die körperlichen Empfindungen auf sich wirken zu lassen. Auch die bereits angeführten Interventionsformen können bei der Aufstellung mit Bodenankern durchgeführt werden (s. Kapitel 2.3). Anstelle der exemplarisch genannten symbolischen Gegenstände als Bodenanker können auch (Holz-)Figuren, Steine (s. weiter unten in diesem Kapitel die Ausführungen zum sozialen Atom), Muscheln oder Knöpfe als Repräsentanten für die Systemelemente dienen. Diese werden auf einer Fläche (einem Brett oder Tisch) welche den Aufstellungsraum abgrenzt, entsprechend des geschilderten Vorgangs angeordnet. Die einzelnen Gegenstände können bei Bedarf mit dem Finger berührt werden, um das Einfühlen in die Positionen zu erzeugen (vgl. Sparrer 2002: 109f.; von Schlippe/Schweitzer 1998: 168f.; Weber 2000: 41).

Aufstellungen, in denen die Klienten selbst das Aufstellungsbild mit ihren Körpern bilden, finden sich beispielsweise bei den bereits aufgeführten Konzepten nach Moreno (s. Kapitel 2.3.1) wieder. Die Methode der Soziometrie, die zwischenmenschliche, soziale Interaktionen und Beziehungen untersucht, eignet sich besonders für Gruppenkonstellationen, um die darin enthaltenen Beziehungsstrukturen zu ergründen. Die Grundlage für die soziometrische Arbeit ist die Einbindung aller in Beziehung stehenden relevanten Personen. Die

Erarbeitung von Beziehungsstrukturen mithilfe der soziometrischen Methode ist ein psycho- und soziodynamisches Verfahren, welches Veränderungspotenziale aufdeckt und somit als Diagnoseinstrument für beispielsweise Probleme oder Konflikte eingesetzt werden kann. Für die Messung der Beziehungsstrukturen entwickelte Moreno den soziometrischen Test, auf dessen Grundlage er die Begrifflichkeiten „Anziehung" und „Ablehnung" in „Wahl" und „Ablehnung" transformierte. Dabei gestalten Wahl- bzw. Ablehnungsfragen die Präferenzen der Systemmitglieder. So kann bei Teamkonflikten in einem Unternehmen gefragt werden: „Mit welchen Kollegen […] möchten Sie zusammenarbeiten, mit welchen nicht?" (Leutz 1974: 7). Damit können einige Kollegen „gewählt" und wiederum andere „abgelehnt" werden. Eine Variante ist es, die in den soziometrischen Tests erfassten Ergebnisse in einem Soziogramm graphisch darzustellen. Von einem Mitglied des Systems ausgehend werden zu den übrigen relevanten Mitgliedern Linien gezeichnet. Für Wahlen und Ablehnungen können verschiedene Farben oder Strukturen für Linien eingesetzt werden. Soziometrische Strukturen lassen sich aber auch im Raum mit den Anwesenden gut aufstellen bzw. darstellen (vgl. Lauterbach 2012: 131; Leutz 1974: 7ff., vgl. für Beispielsoziogramme Leutz 1974: 8f.). Mit soziometrischen Tests gelingt es, in die Tiefenstrukturen von Systemen zu gelangen und die emotionalen Beziehungszusammenhänge aufzudecken sowie abzubilden. Diese Erkenntnisse bilden die Substanz für die weitere Arbeit mit einem konfliktbehafteten System und die Suche nach einer Optimierung der Beziehungsverhältnisse, so beispielsweise auch als Grundlage für die Konfliktklärung (vgl. Gleich 2008: 12f.; Klein/Limberg-Strohmaier 2012: 77; Leutz 1974: 6f.; Schwehm 2009: 321ff.).

Eine weitere auf Moreno zurückzuführende Methode ist das aus dem Psychodrama und der Soziometrie entwickelte soziale Atom. Der Terminus rührt einerseits von der Visualisierung sozialer Beziehungen und der Sichtbarwerdung ihrer Zusammenhänge in Ähnlichkeit zu einem Atom-Modell und andererseits von der etymologischen Bedeutung des Begriffs Atom „lat. *atomus* = unteilbar" (Bibliographisches Institut GmbH 2013b). Morenos Ausführungen zu dem sozialen Atom beschreiben dieses als die kleinste soziale Struktur, genauer: den Beziehungskern. In einem sozialen Atom wird sichtbar, welche Stellung die einzelnen Systemzugehörigen haben und wie sie zueinander stehen bzw. wer überhaupt zugehörig ist. Dem Grundgedanken folgend wird jedes Individuum mit einem sozialen Kern geboren, der zunächst die Eltern, Großeltern und eventuelle Geschwister umfasst. Im Laufe eines Lebens kann sich ein soziales Atom jedoch noch über Blutsverwandtschaft hinaus bilden, beispielsweise im beruflichen Kontext. Entscheidend sind emotionale Bindungen zwischen Individuen, die sich schließlich in einem sozialen Atom manifestieren (vgl. Leutz 1974: 11;

Moreno 1974: 22, 159f.). Bei der Arbeit mit dem sozialen Atom dienen in der Regel Steine als Repräsentationsmedien für die relevanten Systemmitglieder. Die Abstände der Steine zeigen die emotionale Nähe bzw. Distanz der Systemmitglieder an.

Aus der Soziometrie nach Moreno lassen sich weitere Formen ableiten. So bietet die Verwendung einer sog. Timeline die Verdeutlichung des Verlaufs und der Geschichte eines Konflikts. Die Timeline Methode verschafft darüber hinaus einen guten Überblick über die einzelnen Sichtweisen und Positionen der Konfliktbeteiligten. Dabei können Symbole und Bilder zusätzlich zur Visualisierung der Konfliktgeschichte beitragen. Das grundlegende Werkzeug für die Arbeit mit der Timeline ist ein Seil oder eine Schnur als Zeitlinie. Für die Konfliktgeschichte relevante Zeiträume werden meist mit Jahreszahlen auf dem Seil bzw. der Schnur markiert. Aus einer Auswahl von Symbolen und Bildern können die anwesenden Personen diese an der Zeitmarke platzieren, an der ihrer Meinung nach der Konflikt mit einem bestimmten Aspekt, der durch das Symbol oder Bild vertreten wird, assoziiert wird. Neben der Veranschaulichung der geschichtlichen Ereignisse, die den Konflikt befördert haben, werden oftmals sogar die Ressourcen sichtbar, die den Konfliktparteien für die Suche nach Lösungen zur Verfügung stehen (vgl. Liefert 2012: 104f.).

Um unterschiedliche Stimmungen, Perspektiven, Einstellungen und Einschätzungen bestimmter Themen visuell zu unterstützen und differenziert zu ergründen bietet sich die Form der Skalenfragen an. Die Abfrage durch eine vorab fixierte Skala – beispielsweise in der Skalierung von 0 bis 10 – ist eine effiziente Arbeitsweise, um die Komplexität der verschiedenen Meinungen auf einen Blick abzubilden. Steve de Shazer (1991) praktizierte Skalenfragen eingebettet in seinen Ansatz der Lösungsorientierten Kurztherapie für die Reduktion von komplexen Zusammenhängen. Die Art der Visualisierung kann unterschiedlich gestaltet werden; für eine Aufstellung im Raum werden meist Karten mit den Beschriftungen der Skalierung in gleichmäßigen Abständen auf den Boden gelegt. Im Anschluss können die Klienten sich auf die ausgelegten Skalenpunkte stellen und somit den Grad der Zustimmung bzw. Ablehnung zu einer vorher getätigten Aussage ausdrücken. Erst nachdem sich alle Beteiligten positioniert haben, werden die Begründungen hinter den Positionierungen geklärt (vgl. Gebhardt 2007: 1ff.; Gläßer 2012: 170ff.; Weckert et al. 2011: 106f.).

Die Form der sog. Sternpositionierung eignet sich ebenfalls für die Einschätzung von Stimmungen und Meinungen. Eine Sternpositionierung findet im Gruppensetting statt. Die Klienten bilden zunächst einen Kreis. Eine Person aus dem System tritt in die Mitte des Kreises und trifft dann, das jeweils behandelte

Anliegen betreffend, eine Aussage.[7] Die übrigen Systemmitglieder positionieren sich daraufhin um diese Person herum. Die jeweilige Entfernung gibt dabei den Grad der Zustimmung bzw. Ablehnung zu der Aussage an. Eine weite Entfernung bedeutet, der Aussage nicht zuzustimmen (vgl. Weckert et al. 2011: 78).

Das bereits beschriebene Verfahren der Skulpturarbeit nach Satir (s. Kapitel 2.3.1) kann ebenfalls mit den Systemzugehörigen selbst durchgeführt werden. Auf die Wirkungsweisen und Intentionen dieses Ansatzes wurde einleitend eingegangen, an dieser Stelle soll der konkrete Ablauf genauer skizziert werden. Anfangs wird die zu stellende Skulptur, beispielsweise ein Ereignis, eine Fragestellung oder ein Konflikt, meist von einem Mitglied des Systems aus seiner inneren Sicht heraus modelliert, so dass ein aus der subjektiven Wahrnehmung dieses Mitglieds stimmiges Beziehungsbild entsteht. Rückmeldungen der übrigen Systemmitglieder können die Skulptur zusätzlich ergänzen und variieren. Die Systemmitglieder nehmen ihnen typische Mimiken, Gestiken und Körperhaltungen ein, um ihre Stimmungen auszudrücken. Der räumliche Abstand der einzelnen Skulpturen gilt als Richtwert der emotionalen Verbundenheit. Sobald die Beziehungskonstellationen seitens des „Aufstellenden" mithilfe dieser Angaben modelliert sind, gilt es für die aufgestellten Skulpturen, in der jeweiligen Position zu bleiben und zunächst die Wahrnehmungen und Empfindungen in dieser Skulptur zu spüren. Nach dieser Einstiegsphase sollen die Skulpturen sich mit Fragen auseinander setzen, die sich beispielsweise auf Veränderungswünsche in der Position beziehen, um eine Verbesserung der Befindlichkeiten sowie Gefühle herbeizuführen und mögliche Unterschiede bzw. gemeinsame Sichtweisen herauszuarbeiten. Diese können im Anschluss unmittelbar probiert, diskutiert und geprüft werden (vgl. Ballreich 2012: 48f., 51; Lauterbach 2012: 132; von Schlippe/Schweitzer 1998: 165f.). Neben der dargestellten Vorgehensweise bestehen weitere Möglichkeiten der Skulpturarbeit, beispielsweise der Einsatz einer sog. Simultan-Skulptur, die jedes anwesende Systemmitglied dazu auffordert, seine Gefühle und Einstellungen in Relation zu den anderen Systemmitgliedern situativ in einer Skulptur auszudrücken (vgl. Ballreich 2012: 52, vgl. für weitere Herangehensweisen und Differenzierungen der Skulpturarbeit von Schlippe/Schweitzer 1998: 166f.).

## 2.3.4 Rolle und Haltung des Aufstellungsleiters

Eine grundlegende Haltung des Aufstellungsleiters ist die Allparteilichkeit. Eine allparteiliche Position ist mit der Neutralität der Person des Aufstellers gleichermaßen die Voraussetzung für die Ausübung des Verfahrens. Ein wert- und

---

7 Beispiele hierfür finden sich in Weckert et al. (2011: 78f.).

urteilsfreier, also neutraler Umgang mit den Anliegen seiner Klienten ist stets zu wahren. Nur so kann ein authentischer Lösungsprozess stattfinden. Daher sollte die nötige Distanz für einen unabhängigen Blick auf das System gewahrt werden. Das heißt jedoch nicht, dass der Leiter einer Aufstellung keine eigene Meinung haben darf. Entscheidend ist nur, dass er diese den Klienten nicht als Doktrin vorgibt (vgl. von Schlippe/Schweitzer 1998: 119). Für eine systemische Haltung ist es zudem von Bedeutung, eine Einstellung des sog. Nichtwissens einzunehmen. Damit ist gemeint, dass der Aufstellungsleiter Fragen stellt die das Bild verdeutlichen um die Beziehungsstrukturen eines Systems besser zu verstehen. Das bloße Vorgeben von Antworten würde den Prozess entschleunigen und den Aufsteller aus seiner urteils- und wertfreien Position heben (vgl. Sparrer/Varga von Kibéd 2010: 21). Grundlegende Eigenschaften sollten außerdem eine hohe emotionale und soziale Kompetenz sein.

Eine weitere Aufgabe des Aufstellungsleiters ist es, das methodische Vorgehen zu erläutern und sich das Einverständnis der Teilnehmenden einzuholen. Er bietet den Rahmen für die Klärung des Anliegens, übernimmt jedoch nicht die Verantwortung. Steve de Shazer bemerkt zu diesem Aspekt folgendes Prinzip: „Der Klient ist der Experte" (de Shazer zitiert nach Sparrer/Varga von Kibéd 2010: 21). Auch Satir stellte dieses Konzept in den Mittelpunkt ihrer therapeutischen Arbeit, denn sie sah den Klienten als „Spezialist seiner selbst" (Satir zitiert nach Klein/Limberg-Strohmaier 2012: 83). Lösungen werden demzufolge von den Klienten selbst erarbeitet, da sie die nötigen Ressourcen dafür haben. Der Veränderungsprozess wird von dem Leiter der Aufstellung begleitet und unterstützt, das Ergebnis beeinflusst er aber nicht. Vielmehr nimmt der Aufstellungsleiter eine Haltung der Neugier ein und bewertet die Prozesse weder als gut noch schlecht, sondern orientiert sich daran, was wirksam für das System ist. Hingegen ist es die Verantwortung des Aufstellungsleiters, für die Vertraulichkeit in der Gruppe zu sorgen. Ein Aufstellungsleiter sollte darüber hinaus jegliche Sichtweisen und Eigenschaften seiner Klienten akzeptieren und respektieren. Die gegenseitige Achtung von Leiter und Klient ist die Grundvoraussetzung für ein gutes Gelingen. Ein Machtungleichgewicht kann den Veränderungs- und Lösungsprozess stark beeinträchtigen (vgl. Kohlhauser/Assländer 2005: 57f.; Ruppert 2003: 66ff.; Wirl 2011; von Schlippe/Schweitzer 1998: 121).

## 2.4 Schlussfolgerungen für die vorliegende Arbeit

Aufstellungsarbeit birgt viel Potenzial für den Einsatz in der Mediation, da sie sich für die Lösung von Konflikten und Verstrickungen anwenden lässt. Besonders in vornehmlich auf verbale Verständigung ausgerichteten Mediationsprozessen könnte eine eingebettete Aufstellung dazu beitragen, Gefühle, Emotionen, Gedanken und Empfindungen ohne viele Worte auszudrücken oder diese gar erst zuzulassen. Aufstellungen könnten die in der Mediation angewandten Methoden (s. Kapitel 2.2.2) unterstützen, indem sie dazu anregen, sich nicht mehr nur gedanklich, sondern auch körperlich in verschiedene Positionen einzufühlen. Die Technik des zirkulären Fragens versucht genau dies zu evozieren. Dabei werden Medianden dazu aufgefordert, sich in die Position eines anderen Systemmitglieds hineinzuversetzen und sich zu fragen, welche Gedanken, Gefühle und Empfindungen eine andere Person haben könnte. Dies regt in der mentalen Vorstellung bereits eine innere Aufstellung an (vgl. Sparrer 2002: 107f.). Auch die Methode des Perspektivwechsels gibt Anreize, die Mediationsmethoden mithilfe von Aufstellungsarbeit zu ergänzen.

# 3. Forschungsmethodik

In Kapitel 3 zur Forschungsmethodik werden die einzelnen Schritte der qualitativen Studie erläutert. Einführend werden zunächst der Zweck, die Ziele sowie die Forschungsfragen vorgestellt. Bevor der eigene Forschungsansatz zur Beantwortung der Forschungsfragen dargestellt wird, werden allgemeine Aspekte qualitativer Forschung erläutert.

## 3.1 Zweck und Ziele

In der Literatur gibt es eine Vielzahl an praxisgeleiteten Beiträgen zu den Anwendungs- und Einsatzmöglichkeiten von Mediations- und auch Aufstellungsmethoden. Die Auseinandersetzung mit der integrativen Arbeit von Aufstellungen in Mediationsprozessen hingegen wurde bislang nur vereinzelt von Anwendern der Verfahren beschrieben (s. Kapitel 1.2). Der Zweck der vorliegenden Arbeit ist es demzufolge, aus einer neutralen Perspektive heraus die Reichweiten und Wirkungszusammenhänge von Aufstellungsarbeit zu betrachten um zu ergründen, ob es sinnvolle Anknüpfungspunkte an das Verfahren durch die Integration von Aufstellungsarbeit in der Mediation gibt, die einer Lösung des Konflikts und Versöhnung der Konfliktparteien Rechnung tragen. Weiterhin soll diese Studie einen Einblick in die verschiedenen Auffassungen und Begriffsbestimmungen von Aufstellungsarbeit geben. Dies kann für künftige Weiterentwicklungen der Verknüpfung von Beratungs- und Interventionsformen mehr Klarheit ermöglichen und zu einer Debatte anregen.

Diese Studie verfolgt daher folgende Ziele: Zum einen die Exploration von praxisgeleitetem Expertenwissen anhand von Experteninterviews und zum anderen ein Vergleich methodischer Annäherungen sowie Anwendungsmöglichkeiten praktizierender Mediatoren, die Aufstellungsarbeit als Erweiterung ihres Methodenrepertoires einsetzen. Es soll untersucht werden, wie mit den unterschiedlichen Formen von Aufstellungsarbeit in der Mediation gearbeitet wird, welche Formen überhaupt zum Einsatz kommen und aus welchen Gründen sie eingesetzt werden. Dadurch soll die Bandbreite des Einsatzes von Aufstellungsarbeit in der Mediation erforscht werden. Dies schließt sowohl Potenziale als auch Herausforderungen von Aufstellungsarbeit mit ein. Im Kontext der interkulturellen Verständigung soll zudem aufgezeigt werden, welchen Beitrag Aufstellungsarbeit zu interkultureller Verständigung und Konfliktlösung in der Mediation leisten kann. Als Grundlage für die empirischen Zielsetzungen sollen vorab die in der Theorie vertretenen Konzepte von Aufstellungsarbeit und

Mediation beschrieben und im Blick auf die aus den gewonnenen Daten relevanten Inhalte eingegrenzt werden.

## 3.2 Forschungsfragen

Aus dem Gegenstand der Forschung, dem Stand der Forschung, dem Zweck sowie den genannten Zielen werden forschungsleitende Fragestellungen abgeleitet, die einerseits deskriptiver und andererseits explorativer Natur sind. Deskriptive Fragen beziehen sich auf die Einbettung der gewählten Methoden in den Mediationsprozess, explorative Fragen auf die Anwendung unterschiedlicher Methoden und Formen. Die zentrale Frage lautet:

**Wie kann Aufstellungsarbeit das Methodenrepertoire der Mediation unterstützen und ergänzen?**

Aufbauend auf dieser leitenden Forschungsfrage werden folgende Unterfragen gestellt, um die Interessen dieser Forschung zu konkretisieren und schließlich die leitende Frage beantworten zu können:

1. Welche Ansätze bzw. Richtungen der Mediation werden vertreten?
2. Welche Mediationsmethoden werden verwendet?
3. Mit welchen Mediationsfällen arbeiten die Mediatoren?
4. Was sind die Gründe für den Einsatz von Aufstellungsarbeit in der Mediation?
5. Welche Aufstellungsformen werden in der Mediation eingesetzt?
6. In welchen Phasen der Mediation werden die gewählten Aufstellungsformen eingesetzt und warum?
7. In welchen Konfliktfällen lässt sich besonders gut, in welchen überhaupt nicht mit Aufstellungen arbeiten?
8. Wie gestalten die Anwender beider Methoden den Wechsel zwischen ihren Rollen als Mediator und Aufstellungsleiter und wie lassen sich beide Konzepte in der Person und Ihrer Arbeit vereinen?
9. Was sind die Erfolgsfaktoren von Mediations- und Aufstellungsarbeit?
10. Welchen Mehrwert generiert der Einsatz von Aufstellungsarbeit für die Konfliktklärung in der Mediation?
11. Welche Herausforderungen gibt es bei der Kombination von Aufstellungsarbeit und Mediation?
12. Wie trägt Aufstellungsarbeit zur interkulturellen Verständigung und Konfliktlösung in der Mediation bei?

## 3.3 Qualitativer Forschungsansatz

Die methodische Annäherung an die Forschungsfragen erfolgt induktiv. Induktives Vorgehen, bei dem Theorien und Hypothesen erst aus den gewonnenen Daten gebildet und Zusammenhangsvermutungen erst durch die Untersuchung weiterer Einzelerscheinungen angestellt werden, ist ein Prinzip der qualitativen Forschung (vgl. Bortz/Döring 2002: 299f.; Bryman 2012: 27, 383; Lamnek 2005: 250ff.; Mayring 1990: 23). Der qualitative Forschungsansatz charakterisiert sich durch die Erforschung und Deutung von bestimmten Ausschnitten der Realität, um ein Verständnis dafür zu erlangen, wie mit dem Gegenstand der Forschung in der sozialen Wirklichkeit und Praxis umgegangen wird. Genauer ist damit gemeint, die subjektiven Sichtweisen der Forschungsteilnehmer und ihre Deutungsmuster zu erfahren. Bezüglich der Datengewinnung wird die Erhebung der realen Handlungskontexte angestrebt, indem die Perspektiven der für die Forschung relevanten Personen abgebildet werden. Für einen qualitativen Forschungsansatz und die Datenerhebung gelten daher sowohl das *Prinzip der Offenheit* gegenüber den Ergebnissen, die Formulierung von Fragen, die es den Interviewten gestatten, ihre individuellen Sichtweisen mitzuteilen als auch das *Prinzip der Kommunikation* als Mittel zur Datengewinnung und Interaktionsvorgang zwischen Forschendem und Befragten (vgl. Atteslander 2003: 15; Flick et al. 2008: 17, 23; Helfferich 2005: 67, 100; Kromrey 1998: 519f.; Lamnek 2005: 21f.; Mayring 1990: 16).

Als Erhebungsinstrument wird das leitfadengestützte Experteninterview gewählt (s. Kapitel 3.3.1.1). Die Wahl des leitfadengestützten Experteninterviews erfolgt auf Basis einer in die Tiefe gehenden Erhebung, die qualitative Daten produziert. Damit ist implizit bereits auf die Qualität der Antworten Bezug genommen, die bei qualitativen Forschungen im Vordergrund steht (vgl. Kromrey 1998: 521; Lamnek 2005: 119). Eine solche Untersuchung kann folglich als explorativ bezeichnet werden. Damit ist ein umfassendes, in die Tiefe gehendes analytisches Vorgehen gemeint, welches Informationen über einen relativ unbekannten Gegenstand der Forschung sammelt (vgl. Kromrey 1998: 67). Der explorative Charakter dieser Studie leitet sich folglich daraus ab, dass der gewählte Gegenstand der Forschung, nämlich der Einsatz von Aufstellungsarbeit in der Mediation, wissenschaftlich noch nicht erschlossen ist (s. Kapitel 1.2).

### 3.3.1 Datenerhebung

Die Erhebung der Daten erfolgt mithilfe der Befragung von Experten, die ihre subjektiven Sichtweisen bezüglich des Gegenstands der Forschung schildern. Das gewählte Erhebungsinstrument wird im folgenden Abschnitt unter Berücksichtigung seiner Vorzüge für die vorliegende Studie erläutert.

*3.3.1.1 Erhebungsinstrument*

Der methodische Zugang zur Hauptforschungsfrage und den Unterfragen soll mithilfe des leitfadengestützten Experteninterviews geschehen. Allgemein generieren Interviews Daten, die durch verbale Kommunikation erhoben werden (Prinzip der Kommunikation). Dabei werden bestimmte Aspekte eines zu erforschenden Gebiets nicht nur dokumentiert, sie werden vor allem rekonstruiert (vgl. Bohnsack et al. 2011: 95; Gläser/Laudel 2004: 11; Meuser/Nagel 2009: 51). Das Experteninterview charakterisiert sich durch die Exklusivität des Personenkreises der ausgewählt wird. Die befragten Experten weisen gesondertes Wissen auf, das im Interesse der Beantwortung der vorliegenden Forschungsfragen von Bedeutung ist. Dabei konzentriert sich das Interesse an der Person auf ihre „Eigenschaft als Experte für ein bestimmtes Handlungsfeld" (Flick 2007: 214). Die Begriffsbezeichnung stützt sich demnach auf die „des Interviews mit Angehörigen [...], die aufgrund ihrer Position über besondere Informationen verfügen" (Gläser/Laudel 2004: 9). Ferner gilt auch die Bestimmung von Alfred Schütz (zitiert nach Kühl et al. 2009: 33), der dem Experten detailliertes und spezifisches Wissen zuschreibt und dessen Wissen sich auf ein klar abgegrenztes Wissensgebiet beschränkt. Damit wird eine klare Begriffstrennung von Experte und Laie vorgenommen. Als Experte für das zu erforschende Gebiet gilt demnach, wer sich von dem sog. Allgemeinwissen abhebt (vgl. Bohnsack et al. 2011: 57; Pfadenhauer 2009: 100f.; Meuser/Nagel 2009: 37f.). Folglich eignet sich das Experteninterview als Erhebungsinstrument für die zur Beantwortung der Forschungsfragen dieser Studie nötigen Daten, da es die vorhandenen Wissensbestände der Experten in Bezug auf den Gegenstand der Forschung abfragt (vgl. Pfadenhauer 2009: 99).

*3.3.1.2 Interviewleitfaden und biographischer Fragebogen*

Der Interviewleitfaden bildet sowie das Gerüst für die Datenerfassung und Interviewdurchführung, als auch die Auswertung der Daten für die spätere Interpretation in Richtung einer überindividuellen, intersubjektiven Aussagekraft (s. Anhang 1). Außerdem kann mit dem Leitfaden die Gegenüberstellung der Ergebnisse aus den einzelnen Interviews vorgenommen werden, da allen Interviewpartnern die identischen Fragen gestellt werden (vgl. Meuser/Nagel 2009: 56). Zudem kann sich mithilfe des Leitfadens auf die für die Beantwortung der Forschungsleitfrage und der Unterfragen wichtigen Informationen fokussiert werden, da der Interviewleitfaden aus den vorab formulierten Forschungsfragen heraus konstruiert wird. Gläser und Laudel (2004: 88) charakterisieren Interviewleitfragen von diesem Aspekt ausgehend als „das Wissen, das beschafft werden muss, um die Forschungsfrage zu beantworten". Gleichzeitig minimiert das Leitfadeninterview einen möglichen Informationsverlust, da die anzusprechenden zentralen Themen schriftlich fixiert sind und der Leitfaden der interviewenden Person als Gedankenstütze dient. Meuser und Nagel (2009: 52) konstatieren zusätzlich die Notwendigkeit eines Leitfadens für Experteninterviews wie folgt:

> „Zum anderen führte ein Verzicht hierauf methodisch in die falsche Richtung, steht doch nicht die Biographie des jeweiligen Experten im Fokus, sondern die auf einen bestimmten Funktionskontext bezogenen Strategien des Handelns und Kriterien des Entscheidens".

Als offenes Verfahren generiert die Interviewführung mithilfe eines Leitfadens zum einen eine inhaltliche Struktur, die zur Klarheit und Eingrenzung der Thematik beiträgt und zum anderen genügend Freiraum für individuelle Anregungen oder zusätzliche, auf dem Leitfaden nicht notierte Fragen. Der Interviewleitfaden wird so konzipiert, dass sich die befragten Personen in Bezug auf die gestellten Fragen ohne Antwortvorgaben äußern können, um ihre subjektiven Einstellungen und individuellen Handlungsweisen mitzuteilen und diese anhand von Praxisbeispielen zu erläutern. Dieses Vorgehen knüpft an die offene Form der Datenerhebung an und schafft eine Atmosphäre innerhalb des Interviews, die es dem Befragten ermöglicht, ausführlich auf die Thematik einzugehen (vgl. Bohnsack et al. 2011: 58, 114; Bortz/Döring 2002: 310, 315; Flick 2007: 216; Gläser/Laudel 2004: 39f., 111ff.; Hopf 1995: 177; Kuckartz et al. 2008: 21; Kühl et al. 2009: 35ff.; Lamnek 2005: 21).

Zusätzlich zu der Datenerhebung mithilfe leitfadengestützter Experteninterviews wird im Rahmen dieser Erhebung ein schriftlicher Fragebogen für die Erhebung zusätzlicher Daten ausgehändigt. Dieser erfragt keine inhaltlichen, sondern formale bzw. biographische Daten (s. Anhang 2). Diese Daten liefern wichtige Hintergrundinformationen in Bezug auf das Sample (s. Kapitel 3.3.2). Der Vorteil der Abfrage biographischer Daten mithilfe eines Fragebogens liegt darin, dass sich im Interview auf die inhaltlichen Aspekte des Forschungsvorhabens fokussiert werden kann. Somit wird die Länge eines Interviews nicht zusätzlich strapaziert (vgl. Kuckartz et al. 2008: 23).

### 3.3.2 Sample und Auswahl der Experten

Die Kriterien für die Auswahl von Interviewpartnern beinhalten die Konzentration auf eine bestimmte Berufsgruppe; in diesem Fall Mediatoren mit zusätzlichen Qualifikationen und praktischen Erfahrungen in (einer) Aufstellungsmethode(n). Die Wahl der Experten bezieht sich folglich auf die berufliche Praxis und die damit einhergehenden Erfahrungen auf dem forschungsrelevanten Feld. Hinzu tritt der integrative Ansatz von Aufstellungsarbeit und Mediation, der damit einhergeht, dass (1) das für die Beantwortung der Forschungsfragen nötige Wissen und die Erfahrungen im Blick auf den Gegenstand der Forschung vorhanden sind und (2) das Wissen präzise wiedergeben werden kann.

Insgesamt werden zwölf Experteninterviews durchgeführt. Die hier festgelegte Samplegröße lässt eine detaillierte Auswertung und Interpretation der zu erhebenden Daten zu, um in die Tiefenstrukturen der Aussagen zu gelangen (vgl. Bogner/Menz 2009: 8; Flick 2007: 167ff., 214; Kohlhauser/Assländer 2005: 137; Lamnek 2005: 273, 384).

Der Zugang zu den für diese Erhebung relevanten Personen erfolgt in einem ersten Schritt via Internetrecherche. Diese beinhaltet sowohl die Ansprache von Einzelprofilen, als auch verschiedener Berufsverbände für Mediation in Deutschland, Österreich und der Schweiz. Neben dieser Auswahl werden Autoren mit Publikationen und Beiträgen in Bezug auf das vorliegende Thema und das Auswahlkriterium recherchiert. Zeitgleich zu diesen direkten Zugängen unterstützt das sog. Schneeballsystem die Suche nach potenziellen Interviewteilnehmern, bei dem die Anfrage an eine Einzelperson den Verweis auf einen weiteren möglichen Kontakt herbeiführt. Punkte wie das Problem der Teilnahmebereitschaft, der Erreichbarkeit, das Ausbleiben von Rückmeldungen oder die Identifikation der Eignung von Interviewpartnern als Experten werden bei der Ansprache ebenfalls bedacht (vgl. Flick 2007: 148ff.; Gläser/Laudel 2004: 113; Kromrey 1998: 379; Schnell et al. 2011: 294). Die Beteiligungsbereitschaft ist bei Experteninterviews aber allgemein hoch. Dies kann viele Gründe haben, zu nennen sind hierbei insbesondere eine professionell verankerte Neugier für die Thematik bzw. die Forschungsfragen sowie das Interesse an einem Gedankenaustausch. Zum anderen sind Experten oftmals selbst mit wissenschaftlichem Arbeiten vertraut und sich der Relevanz wissenschaftlicher Forschungen daher bewusst (vgl. Bogner/Menz 2009: 8f.).

Die erste Kontaktaufnahme mit den für diese Studie interessanten Personen erfolgt per E-Mail. Dabei wird zunächst das Forschungsvorhaben bzw. das Anliegen grob skizziert und daraufhin angefragt, ob der Adressat innerhalb seiner beruflichen Tätigkeiten bereits Aufstellungsarbeit innerhalb eines Mediationsverfahrens eingesetzt hat oder, falls dies nicht der Fall ist, Kollegen weiterempfehlen kann, die dies praktizieren. Damit wird der bereits erwähnte Schneeballeffekt eingeleitet, der weitere mögliche Interviewpartner generiert, die in der eigenen Recherche nicht erfasst sind. In solchen Fällen werden auch die empfohlenen Personen per E-Mail kontaktiert. Nach einer Rückmeldung, in der der Einsatz von Aufstellungsformen in der Mediation bestätigt wird, wird in den meisten Fällen ein Telefongespräch vereinbart. Darin werden das konkrete Forschungsvorhaben und das methodische Konzept erläutert. Sofern kein Telefonat stattfindet, werden diese Informationen per E-Mail kommuniziert. Nach einer Einwilligung der angefragten Person zu einem Experteninterview wird ein Termin für ein persönliches oder telefonisches Interview vereinbart.

Die Suche nach geeigneten Experten führt letztendlich zu einem ausgewogenen Sample von sechs Frauen und sechs Männern, wobei elf Personen aus Deutschland stammen und eine Person aus der Schweiz. Bei der Altersstruktur der teilnehmenden Experten zeigt sich, dass die Mehrheit zwischen 55 und 59 Jahre alt ist (5 Personen bzw. 41,7 %). Vier Personen (33,3 %) sind zwischen 50 und 54 Jahre alt. Die drei verbleibenden Interviewteilnehmer (25 %) sind 41 bis 45 Jahre alt. Der Großteil der Interviewpartner hat eine abgeschlossene Mediationsausbildung (9 Personen bzw. 75 %), sieben Experten (58,3 %) haben eine abgeschlossene Aufstellungsausbildung. Jeder Interviewteilnehmer hat mindestens eine der beiden Ausbildungen. Alle zwölf Interviewpartner können auf eine langjährige Berufspraxis in ihrer Tätigkeit als Mediator sowie Aufsteller zurückblicken. Im Schnitt sind sie seit zwölf Jahren als Mediator tätig, seit rund 13 Jahren als Aufsteller. Die längste angegebene Tätigkeitsdauer als Mediator liegt bei 19 Jahren, die kürzeste bei fünf Jahren. Die Tätigkeit als Aufsteller wird von einer Person seit 28 Jahren ausgeübt, die kürzeste Tätigkeit liegt bei vier Jahren beruflicher Praxis (s. Anhang 3 für die vollständige Fragebogenauswertung).

### 3.3.3 Datenerfassung und Interviewdurchführung

Nachdem das Erhebungsinstrument, die Größe des Samples sowie die Auswahl der zu befragenden Experten bestimmt ist, kann mit der Datenerfassung bzw. Interviewdurchführung begonnen werden. Jedes Interview wird, nach mündlicher und zusätzlich schriftlicher Zustimmung der Befragten, mit einem Aufnahmegerät[8] aufgezeichnet. Mithilfe der Interviewaufzeichnung kann sich auf die gegebenen Antworten fokussiert werden. Des Weiteren wird der Gesprächsfluss nicht durch das Notieren der Aussagen unterbrochen (vgl. Bryman 2012: 482; Gläser/Laudel 2004: 152).

---

8   Für die Aufzeichnung wird ein batteriebetriebenes Diktiergerät mit eingebautem Lautsprecher verwendet. Dieses ist aufgrund seiner handlichen Größe relativ unauffällig und wird zu Beginn eines persönlich geführten Interviews auf den Tisch gelegt. Bei telefonisch geführten Interviews wird das Telefon der Interviewerin auf die Lautsprecherfunktion geschaltet und das Aufnahmegerät neben den Lautsprecher gelegt.

Als Interview- und Gesprächsgrundlage dient der Interviewleitfaden (s. Anhang 1). In Fällen, in denen es der Interviewerin angemessen und notwendig erscheint, werden zusätzliche, im Leitfaden nicht notierte Fragen für ein vertiefendes Verständnis der Antworten gestellt. Zu jedem Zeitpunkt eines Interviews sollte sichergestellt sein, dass die klare Rollenverteilung der Interviewerin als Forschende und Wissensbedürftige und die des Befragten als Experte, also kompetenter Gesprächspartner auf dem Forschungsgebiet, beibehalten wird (vgl. Gläser/Laudel 2004: 117). Dies schließt jedoch nicht aus, dass die Interviewerin ebenfalls über theoretisch angeeignetes und für die Interviewführung notwendiges Wissen verfügt.

Die Interviews wurden in einem Zeitraum von zwei Monaten zwischen dem 15. September 2014 und dem 12. November 2014 geführt. Fünf der insgesamt zwölf Interviews fanden persönlich in dem Büro des jeweiligen Experten statt. Sieben Interviews wurden der weiten Entfernung zwischen Interviewerin und Experten geschuldet, telefonisch durchgeführt. Die Dauer der Interviews liegt zwischen 19 und 51 Minuten, im Schnitt dauert ein Interview rund 27 Minuten (s. Anhang 4).

Alle Interviews werden zur Sicherung der erhobenen Daten, für die Dokumentation und ihre Auswertung transkribiert.

### 3.3.4 Datenaufbereitung

Bevor die Ergebnisse der Experteninterviews vorgestellt werden können, bedarf es einer angemessenen Aufbereitung, die die Transparenz des Forschungsvorgehens gewährleistet und gleichzeitig die bestmögliche Verarbeitung der mündlich geführten Interviews zulässt.

*3.3.4.1 Transkriptionsregeln*

Die Transkription der erhobenen Interviewdaten bildet die Grundlage für die spätere Auswertung, Darstellung sowie Interpretation und Diskussion (vgl. Bryman 2012: 13; Mayring 1990: 64).[9] Unter Transkription versteht Dittmar (2004: 50) „die Wiedergabe eines gesprochenen Diskurses in einem situativen Kontext mit Hilfe alphabetischer Schriftsätze und anderer, auf kommunikatives Verhalten verweisender Symbole". Transkription meint folglich die Verschriftlichung gesprochener Sprache beispielsweise aus Interviews, festgehalten auf

---

9  Um den zeitlichen Aufwand der Transkription zu reduzieren, wird mit dem Transkriptionsprogramm f4 gearbeitet.

Ton- oder Videobandaufzeichnungen (vgl. Bortz/Döring 2002: 312; Mayring 1990: 63). Weiterhin wird mit der Transkription gesprochener Diskurse ihre Flüchtigkeit durch die schriftliche Fixierung aufgehoben. Gerade in der wissenschaftlichen Arbeit erweist eine Transkription sich als ungemein hilfreich in Bezug auf analytische Betrachtungen. Darüber hinaus kann die Transkription eines Interviews als Vorbereitung für die spätere Darstellung der Interviewdaten dienen, indem auf konkrete Textpassagen verwiesen werden kann (vgl. Dittmar 2004: 50; Wengraf 2001: 209ff.).

Das für die Transkription verwendete Zeicheninventar soll die gesprochenen Aussagen analog, authentisch und neutral abbilden. Wie genau bzw. nach welchen Regeln transkribiert wird, entscheidet sich je nach wissenschaftlichem Erkenntnisinteresse. Da in der vorliegenden Studie die Inhalte der Aussagen relevant sind, kann auf linguistische Aspekte verzichtet werden. Dem gegenüber werden dennoch die Länge von Pausen, Redeüberschneidungen, Betonungen und paraverbale Äußerungen mit transkribiert (vgl. Bohnsack et al. 2011: 159f.; Bortz/Döring 2002: 312; Dittmar 2004: 51, 100, 227; Meuser/Nagel 2009: 56). Im Sinne des zugrunde liegenden Erkenntnisinteresses werden folgende Transkriptionsregeln nach Kuckartz et al. (2008: 27f.) für die Transkription der Experteninterviews aufgestellt:

- Es wird wörtlich und nicht lautsprachlich oder zusammenfassend transkribiert.
- Sprache und Interpunktion wird so geglättet, dass es sich an das Schriftdeutsch annähert. Wortstellungen und Grammatik werden unverändert übernommen.
- Die Interviewerin wird durch ein „I", die Befragten durch ein „B" gekennzeichnet und fortlaufend durchnummeriert (B1, B2,..., B12).
- Zustimmende Lautäußerungen der Interviewerin werden nicht transkribiert.
- Lautäußerungen der Befragten wie „ähm" werden ebenso ausgelassen.
- Einwürfe der anderen Person werden mit dem jeweiligen Kennbuchstaben in Klammern notiert: „(B3: Ja, genau)".
- Paraverbale Lautäußerungen werden kursiv in Klammern notiert: „*(lacht)*"; „*(seufzt)*".
- Identifizierende Bezeichnungen, die einen Rückschluss auf die interviewte Person oder Dritte zulassen, werden anonymisiert. Dabei wird jedes entsprechende Wort in Klammern mit einem (*) gesetzt und durch eine Umschreibung ersetzt. Eine Aussage wie: „Das habe ich bei Max Mustermann[10] kennengelernt

---

10 Dieser Name dient als Pseudonym für die eigentlich genannte Ausbilderperson.

[…]" wird umgeformt in: „Das habe ich bei (*nennt den Namen einer ausbildenden Person) kennengelernt".
- Pausen werden durch drei Auslassungspunkte in Klammern (…) markiert.
- Betonte Wörter werden unterstrichen.
- Abgebrochene Sätze werden mit / markiert.
- Zitate werden in Anführungszeichen gesetzt: „Wie schaffe ich es auch zu einem bestimmten Zeitpunkt zu sagen: „Okay und jetzt trete ich aus der Rolle auch mal wieder aus" […]".
- Vor jedem Sprecherwechsel wird eine Leerzeile eingefügt. Gläser und Laudel (2004: 189) schlagen zusätzlich vor, die Interviewfragen kursiv von den Antworten hervorzuheben.
- Jedes Transkriptionsdokument wird mit Zeilennummern versehen um die Referenz auf Zeilen zu ermöglichen.

### 3.3.4.2 Forschungsethik und Gütekriterien

Die Aussagen der Interviewpartner sind sensible Daten. Sie stellen die auf persönlichen Erfahrungen beruhende Informationsgrundlage der vorliegenden Studie dar. Ethische Aspekte sind zu jeder Phase des Forschungsprozesses von der Planung bis zur Durchführung, Auswertung und Darstellung der Forschungsergebnisse zu bedenken.

Die Deutsche Gesellschaft für Soziologie (DGS) hat in Zusammenarbeit mit dem Berufsverband Deutscher Soziologinnen und Soziologen (BDS) einen sog. Ethik-Kodex für Forschungen in Deutschland entwickelt (vgl. DGS 2014).

Die persönliche Verantwortung der forschenden Person ist die Grundvoraussetzung für eine ethische Forschungshaltung. Sie hat dafür zu sorgen, dass den Forschungsteilnehmern die uneingeschränkte Freiwilligkeit der Teilnahme zugesichert wird:

> „Generell gilt für die Beteiligung an sozialwissenschaftlichen Untersuchungen, dass diese freiwillig ist und auf der Grundlage einer möglichst ausführlichen Information über Ziele und Methoden des entsprechenden Forschungsvorhabens erfolgt" (§ 2 Nr. 3 Ethik-Kodex der DGS und des BDS).

Damit obliegt der forschenden Person eine Informationspflicht gegenüber den Studienteilnehmern, bevor diese in eine Mitwirkung einwilligen (Prinzip des informed consent).[11] Während der Datenerhebungsphase gehört es zur Pflicht

---

11 Dieser forschungsethische Aspekt ist im Bundesdatenschutzgesetz unter §§ 4, 40 BDSG verankert.

eines Forschenden, psychische sowie körperliche Beeinträchtigungen bzw. Schädigungen der Studienteilnehmenden zu vermeiden. Darunter fallen neben körperlichen Verletzungen u.a. peinliche Bloßstellungen, Überforderung, Angst, Erschöpfung und unnötiges Eindringen in die Privatsphäre (vgl. Bortz/Döring 2002: 47f.; Flick 2007: 58, 62f.; Gläser/Laudel 2004: 48ff.; Helfferich 2005: 169; Hopf 2008: 590ff.).

Während der Datenauswertungsphase sowie Darstellung der Ergebnisse sollte der Forschende sich an den tatsächlich erhobenen Daten, also getätigten Aussagen der Interviewpartner, orientieren und diese widerspiegeln. Dies schließt persönliche Wertungen und Interpretationen aus. Dazu schreiben die DGS und der BDS in ihrem Ethik-Kodex:

> „Bei der Präsentation oder Publikation soziologischer Erkenntnisse werden die Resultate ohne verfälschende Auslassung von wichtigen Ergebnissen dargestellt. Einzelheiten der Theorien, Methoden und Forschungsdesigns, die für die Einschätzung der Forschungsergebnisse und der Grenzen ihrer Gültigkeit wichtig sind, werden nach bestem Wissen mitgeteilt" (§ 1 Nr. 2 Ethik-Kodex der DGS und des BDS).

Die Darstellung des Datenmaterials sollte demnach so erfolgen, dass die Forschungsteilnehmer sich unter Berücksichtigung der weiter oben angeführten Pflichten eines Forschenden bei der späteren Lektüre nicht peinlich berührt oder falsch wiedergegeben fühlen (vgl. Flick 2007: 65).

Neben ethnischen Aspekten obliegen Forschungsaktivitäten ebenso Gütekriterien, die eine Arbeit bewerten. Gütekriterien für die qualitative Datenerhebung müssen angelehnt an die der quantitativen Forschung (Objektivität, Reliabilität, Validität) modifiziert werden (vgl. Lamnek 2005: 143; Mayring 1990: 100f.). Auf Basis dieser Feststellung wird sich auf ein von Steinke (2008: 324ff.) entwickeltes System aus sog. Kernkriterien berufen, an dem sich qualitative Forschung orientieren kann:

(1) **Intersubjektive Nachvollziehbarkeit:** Die Prüfung und Sicherstellung der intersubjektiven Nachvollziehbarkeit kann mittels verschiedener Kriterien erfolgen. Eines ist die Dokumentation des Forschungsprozesses, die es externen Lesern ermöglicht, die Untersuchung anhand der einzelnen Vorgänge und Abläufe nachzuvollziehen und die daraus entstandenen Ergebnisse zu bewerten. Die Darlegung des Forschungsprozesses beinhaltet u.a. die Beschreibung der Erhebungsmethode, der Transkriptionsregeln, der Auswertungsmethode sowie die korrekte Wiedergabe von Aussagen aus den Interviews (s. hierfür Kapitel 3 sowie 4.1). Auch der Kontext, in dem die Forschung stattfindet, welche Fragestellungen aufgeworfen, welcher Zweck und welche Ziele dabei verfolgt werden, sollte transparent nachvollzogen

werden können (s. hierfür Kapitel 3.1 sowie 3.2). In Bezug auf die Nachvollziehbarkeit der Auswertungsmethode hebt Mayring (2008: 474) den Vorteil der qualitativen Inhaltsanalyse hervor, die in dieser Studie als Auswertungsmethode gewählt wird: „Durch sein regelgeleitetes Vorgehen lassen sich auch Gütekriterien wie die Interkodierreliabilität besser anwenden". Damit ist gemeint, dass der Auswertungsprozess klaren Regeln folgt, die einen weiteren Forscher bei der Auswertung des gleichen Materials zu gleichen oder zumindest ähnlichen Ergebnissen kommen lassen (s. hierfür Kapitel 3.3.5).

(2) **Indikation des Forschungsprozesses:** Eine Indikation des qualitativen Forschungsansatzes kann vorgenommen werden, indem überprüft wird, ob die gestellte Hauptforschungsfrage und die Unterfragen einen qualitativen Zugang überhaupt ermöglichen. Eine weitere Feststellung ist die Indikation der Methodenauswahl und die Frage, ob diese für den Gegenstand der Forschung und der Fragestellungen angemessen ist. Des Weiteren wird sichergestellt, dass die subjektiven und alltäglichen Handlungsweisen bzw. Perspektiven der Forschungsteilnehmenden so natürlich wie möglich untersucht werden.[12] Weiterhin gilt es, die Offenheit als Prinzip qualitativer Forschung zu wahren und das Verfahren entsprechend zu gestalten, dass auch unvorhergesehene Ergebnisse herauskommen können, die das Vorverständnis des Forschenden womöglich irritieren. Zuletzt wird die Indikation der Samplegröße vorgenommen. Die zweckgerichtete Auswahl der für das Forschungsvorhaben geeigneten Personen sollte klar aufgeführt sein (s. Kapitel 3.3.2).

(3) **Empirische Verankerung:** Die empirische Verankerung bezieht sich auf die Theoriebildung entlang der empirisch gewonnenen Daten (s. hierfür auf den Gegenstand der Forschung eingegrenztes Kapitel 2). Eingeschlossen sind Modifizierungen oder gar neuartige Entdeckungen durch den Forschenden. Die Auswertung der Daten sollte daher einem gesetzten Methodenwerkzeug folgen (s. Kapitel 3.3.5). Das Anführen von Textbelegen bei der Darstellung, Interpretation und Diskussion der gewonnenen Erkenntnisse bringt weitere Transparenz (s. für etwaige Textbelege Kapitel 4.1 sowie 4.2).

(4) **Kommunikative Validierung:** Die Gültigkeitsprüfung der Forschungsergebnisse umfasst die Überprüfung von Authentizität und Ehrlichkeit. Die

---

12 Dieses Gütekriterium steht in direktem Gegensatz zu Laborexperimenten, bei denen die Versuchspersonen sich nicht in ihrem natürlichen Umfeld befinden. Für diese Studie werden die Interviews in den Büros der Experten geführt, in denen die Befragten ihre alltägliche Arbeit ausüben. Dieser Ort stellt für sie demnach eine authentische und natürliche Umgebung dar.

präsentierten Ergebnisse müssen folglich den Aussagen der Befragten entsprechen und diese wahrheitsgemäß wiedergeben. Außerdem sollten die Interviewpartner sich bei der Lektüre in ihren Aussagen wiederfinden.

### 3.3.4.3 Datenschutz und Anonymisierung

Den an der Studie partizipierenden Experten wird vor dem jeweiligen Interview eine Datenschutz- und Einwilligungserklärung vorgelegt, die sie unterzeichnen, damit ethische und rechtliche Aspekte vor Interviewbeginn festgelegt sind.[13] Für die Entscheidung, die Einwilligung zu geben, gibt es ausreichend Bedenkzeit.

In den aufgeführten Punkten wird u.a. versichert, dass gemäß Ethik-Kodex der DGS und des BDS die Anonymität der Interviewpartner gewahrt und die Vertraulichkeit der Aussagen und Angaben sichergestellt wird: „Die Anonymität der befragten oder untersuchten Personen ist zu wahren" (§ 2 Nr. 5 Ethik-Kodex der DGS und des BDS, vgl. auch Bortz/Döring 2002: 49; Flick 2007: 63; Gläser/Laudel 2004: 53; Wengraf 2001: 184). Weiterhin verweist der Ethik-Kodex auf die Achtung und Wahrung der Daten:

> „Besondere Aufmerksamkeit ist den durch die elektronische Datenverarbeitung gegebenen Möglichkeiten des Zugangs zu Daten gewidmet. Auch hier sind sorgfältige Vorkehrungen zum Schutz vertraulicher Informationen erforderlich" (§ 2 Nr. 6 Ethik-Kodex der DGS und des BDS).

Dies beinhaltet die verschlossene Aufbewahrung des Interviewmaterials. Die Tonbandaufzeichnungen der Interviews befinden sich als Kopie auf einem passwortgeschützten Computer, zu dem nur die Forscherin Zugang hat. Jedes Interview wird dafür mit der jeweiligen Kennnummer benannt und abgespeichert (B1, B2,..., B12). Nach Abschluss eines Interviews und Erstellung der digitalen Kopie wird die Aufzeichnung auf dem Aufnahmegerät gelöscht. Auch die Kopie wird nach Abschluss der Arbeit von der Computerfestplatte gelöscht. Des Weiteren werden die schriftlich ausgefüllten biographischen Fragebögen sowie die unterschriebenen Datenschutz- und Einwilligungserklärungen in einer verschlossenen Schublade aufbewahrt. Den Schlüssel trägt nur die Forscherin bei sich. Über den Aufbewahrungsort werden zudem keine Informationen an Dritte

---

13 Bei den telefonischen Interviews wird die Erklärung per E-Mail an die entsprechenden Interviewpartner übermittelt und unterzeichnet in eingescannter Form zurückgeschickt. Helfferich (2005: 170f.) bietet einen Überblick über die in einer Datenschutz- und Einwilligungserklärung aufzuführenden Punkte und die dazugehörigen juristischen Verankerungen bzw. Paragraphen. Für eine Mustererklärung vgl. Bryman (2012: 141).

weitergegeben. Auch über jegliche Inhalte aus den Interviews oder dem Fragebogen wird Stillschweigen gegenüber Außenstehenden bewahrt.

Die Anonymität der Befragten wurde bereits in den Transkriptionsregeln fixiert (s. Kapitel 3.3.4.1), indem alle, auf die Person, ihre Institution oder die dritter Personen hinweisenden Merkmale und Wörter soweit verändert werden, dass keine Identifizierung der mitwirkenden Personen möglich ist. Alle Interviewpartner werden nicht mit ihrem Namen, sondern dem Buchstaben „B = Befragte/r" gekennzeichnet. Diese Abkürzung wird ebenso auf dem biographischen Fragebogen notiert, so dass auch diese Angaben ohne namentliche Zuweisung erfasst und verwertet werden.

### 3.3.5 Datenauswertung

Die gewählte Datenauswertungsmethode ist die qualitative Inhaltsanalyse nach Mayring (2010). Mit der Inhaltsanalyse können die Daten bzw. das Material „irgendeiner Art von *Kommunikation*" (Mayring 2010: 11) analysiert und ausgewertet werden. Das Vorgehen setzt eine systematische Analyse des Datenmaterials voraus und schließt damit eine freie Interpretation aus. Das systematische Vorgehen wird in einem Regelsystem verankert, welches ermöglicht, die vorgenommene Analyse und Auswertung auch für Externe verständlich, nachvollziehbar und überprüfbar zu gestalten.

Das in den Interviewtranskripten in Textform fixierte Material wird darüber hinaus in Bezug auf die formulierten Forschungsfragen hin analysiert und ausgewertet und soll zu ihrer Beantwortung verhelfen (vgl. Mayring 1990: 86, 2010: 11ff.). Das der qualitativen Inhaltsanalyse zugrunde liegende Analyseinstrument stützt sich im Wesentlichen auf die Erarbeitung eines Kategoriensystems zur Konkretisierung des Datenmaterials. Meuser und Nagel (2009: 57) führen diesen Aspekt wie folgt aus:

> „Der Prozess der Kategorienbildung impliziert einerseits ein Subsummieren von Teilen unter einen allgemeine Geltung beanspruchenden Begriff, andererseits ein Rekonstruieren dieses für den vorgefundenen Wirklichkeitsausschnitt gemeinsam geltenden Begriffs".

Die Aufteilung und Eingliederung der Daten in Kategorien erleichtert den Vergleich der Ergebnisse und bringt die relevanten Inhalte präzise zum Vorschein (vgl. Bortz/Döring 2002: 332; Mayring et al. 1996: 107; Mayring 2010: 49f.).

Anhand der gewählten Methode lassen sich die Informationen aus den Experteninterviews thematisch ordnen sowie in bestimmte Inhalte subsummieren (vgl. Bohnsack et al. 2011: 90; Bryman 2012: 13; Flick 2007: 409; Kuckartz 1996: 232; Meuser/Nagel 2009: 56). Da es in dieser Studie um die Beschreibungen der

Interviewpartner in Bezug auf den Gegenstand der Forschung geht, erscheint die qualitative Inhaltsanalyse als geeignete Auswertungsmethode, da entsprechende Beschreibungen aus dem Textkorpus extrahiert werden können, zunächst aber das gesamte Material berücksichtigt wird, ohne vorab eine Klassifizierung der Aussagen vorzunehmen (vgl. Gläser/Laudel 2004: 44, 198).

### 3.3.5.1 Die drei Schritte der Analyse

Zu Beginn der Inhaltsanalyse sollte das vorliegende Datenmaterial analysiert werden. Dies erfolgt in drei Folgeschritten (vgl. Mayring 2010: 52f., vgl. auch Flick 2007: 409f.):

(1) **Material festlegen:** Das der Analyse und Auswertung mithilfe der qualitativen Inhaltsanalyse zugrunde liegende Datenmaterial besteht aus den Transkripten der leitfadengestützten qualitativen Experteninterviews und bildet folglich eine Grundgesamtheit von zwölf Interviews in Textform.

(2) **Analyse der Entstehungssituation:** Die Beschreibung der Entstehungssituation des Datenmaterials umfasst die Bedingungen, Umstände, Zwecke und Ziele sowie den Vorgang der Erhebung. Die Erhebung wird von der Verfasserin der vorliegenden Arbeit selbst im Rahmen dieser Studie vorgenommen, die Auswahl der Zielgruppe wurde bereits in Kapitel 3.3.2 dargelegt, die Entstehungssituation in Abschnitt 3.3.3, Ziele und Zweck dieser Arbeit wurden im Kapitel 3.1 dargestellt.

(3) **Formale Charakteristika des Materials:** Das zu analysierende Material sollte für die bestmögliche Auswertung in Schriftform vorliegen. Dies wird mit der Transkription der mündlich geführten und auf einem Tonband aufgezeichneten Interviews in dieser Arbeit erfüllt. Die verwendeten Transkriptionsregeln wurden in Kapitel 3.3.4.1 bereits festgelegt.

### 3.3.5.2 Intention der Analyse

Das darauffolgende Vorgehen der Inhaltsanalyse gliedert sich wiederum in zwei Schritte und bestimmt die Intention, mit der das Ausgangsmaterial analysiert werden soll (vgl. Mayring 2010: 56ff.):

(1) **Richtung der Analyse:** Das erhobene Datenmaterial soll in Richtung der Forschungsfragen analysiert und ausgewertet werden (s. Kapitel 3.2). Die Beantwortung der forschungsleitenden Fragen, vornehmlich der Hauptforschungsfrage, wie Aufstellungsarbeit das Methodenrepertoire der Mediation unterstützen und ergänzen kann, die Umsetzung der genannten Ziele und die Erfüllung des Zwecks sind dabei die entscheidenden Maßnahmen.

(2) **Theoriegeleitete Differenzierung der Fragestellung:** Die Fragestellung muss vor Beginn der Inhaltsanalyse bereits formuliert sein und Unterfragen beinhalten. Die Bestimmung der Hauptfragestellung sowie der Unterfragen erfolgte bereits in Kapitel 3.2. Zudem ist ein weiteres Kriterium erfüllt, dass die Fragestellung an die bisherige Forschung über den Gegenstand angeknüpft werden muss. Die Fragestellungen korrelieren mit den im theoretischen Teil dieser Arbeit dargelegten Grundlagen und Begriffen mit Blick auf den Gegenstand der Forschung: Der Einsatz von Aufstellungsarbeit in der Mediation. Da der gegenwärtige Forschungsstand weiteren Forschungsbedarf impliziert (s. Kapitel 1.2), werden in den theoretischen Ausführungen zunächst einmal beide Verfahren gesondert voneinander vorgestellt und anhand ihrer Merkmale beschrieben (s. Kapitel 2.2 sowie 2.3).

### 3.3.5.3 Bestimmung der Analysetechnik

Für die Bestimmung der Analysetechnik definiert Mayring (1990: 86, 2010: 64f.) drei Grundformen, die als mögliche Analysetechniken in Betracht kommen (vgl. auch Bortz/Döring 2002: 332f.; Titscher et al. 1998: 83f.):

- **Zusammenfassung:** Bei der Zusammenfassung wird das Datenmaterial nach festgelegten Prozessschritten und Kriterien abstrahiert und so reduziert, dass die wesentlichen Inhalte durch eine systematische Kürzung des Gesamtmaterials erhalten bleiben. Die Reduktion des umfangreichen Textkorpus schafft einen das Gesamtmaterial abbildenden aber besser überschaubaren Textkorpus mit einem Kategoriensystem, das die thematischen Punkte in gegliederter Form enthält.
- **Explikation:** Einzelne fragliche Textpassagen oder Begriffe werden durch die Zuhilfenahme zusätzlichen Materials erläutert, erklärt und gedeutet, um das Verständnis für den relevanten Themenbereich zu erweitern.
- **Strukturierung:** Bei der Strukturierung kann unterschiedlich vorgegangen werden; beispielsweise durch eine inhaltliche, formale oder skalierende Strukturierung. Bestimmte Aspekte des Datenmaterials können herausgefiltert, ein Querschnitt unter vorab fixierten Ordnungskriterien gezogen, oder das Material unter Festlegung bestimmter Kriterien beurteilt werden.

Mit Blick auf das vorliegende Datenmaterial wird die zweckmäßigste Analysetechnik aus diesen drei Varianten ausgewählt. Ein klarer Vorteil der zusammenfassenden Inhaltsanalyse ist, dass zunächst das gesamte Datenmaterial berücksichtigt wird und sich in einem nächsten Schritt der Reduktion durch die Kürzung des Textkorpus systematisch auf die wesentlichen Textpassagen in Richtung Beantwortung der Forschungsfragen fokussiert werden kann (vgl. Mayring 2008: 472). Die Komprimierung zu einem überschaubaren Textkorpus bietet sich besonders bei einer Studie an, die sich für die inhaltlichen Aspekte des Datenmaterials interessiert. Darüber hinaus setzt sich das gewonnene Interviewmaterial aus bedeutungstragenden und irrelevanten Daten im Blick auf die Beantwortung der Forschungsfragen zusammen. Die zusammenfassende Inhaltsanalyse birgt mit ihrem systematischen Verfahren der Reduktion daher das beste Potenzial, an die relevanten Informationen aus den Interviewtranskripten zu gelangen und diese aus dem Gesamtmaterial zu extrahieren (vgl. Gläser/Laudel 2004: 41ff., 194).

*3.3.5.4 Definition der Analyseeinheiten*

Die Analyseeinheiten werden für die Präzisierung der Technik und als Grundlage der Kategorienbildung definiert (vgl. Mayring 2010: 59, vgl. auch Flick 2007: 410):

- **Kodiereinheit:** Eine Kodiereinheit ist der kleinste Textbestandteil des Datenmaterials, der zur Auswertung genutzt werden kann und gleichzeitig einer Kategorie zugeordnet werden darf. Als kleinste mögliche Kodiereinheit erweist sich für diese Auswertung ein einzelnes Wort als sinnvoll.
- **Kontexteinheit:** Die Kontexteinheit determiniert den größten Textbestandteil des Datenmaterials, der unter eine Kategorie fallen darf. Als Kontexteinheit kann in der vorliegenden Analyse ein gesamtes Interview gezählt werden.
- **Auswertungseinheit:** Die Auswertungseinheit legt die Reihenfolge fest, in der die Textbestandteile ausgewertet werden. In diesem Fall werden die Interviews nach der Reihenfolge der im Interviewleitfaden aufgelisteten Fragen ausgewertet.

*3.3.5.5 Ablauf zusammenfassender Inhaltsanalyse*

Um das nach Mayring (2010: 68ff.) aufgestellte Ablaufmodell der zusammenfassenden Inhaltsanalyse nachvollziehbar darzustellen, wird dieses nun in seiner Schrittabfolge beschrieben (s. Abb. 2, Anhang 5):

(1) **Bestimmung der Analyseeinheiten:** Der erste Schritt des Analyseablaufs ist mit der Definition der Analyseeinheiten bereits erfolgt (s. Kapitel 3.3.5.4). Bei der zusammenfassenden Inhaltsanalyse muss angemerkt werden, dass die Kontext- und Auswertungseinheiten identisch sind.
(2) **Paraphrasierung der inhaltstragenden Textstellen:** Die Kodiereinheiten werden in einem nächsten Schritt auf die inhaltstragenden Textpassagen

konzentriert paraphrasiert. Die Paraphrasierung oder Umformulierung erfolgt auf einer verkürzten Grammatik hin zu einem vereinheitlichten Sprachniveau, was besonders bei den vorliegenden Interviews mit unterschiedlichen Sprechern sinnvoll ist.

(3) **Generalisierung der Paraphrasen:** Der darauffolgende Schritt sieht vor, eine Verallgemeinerung bzw. Generalisierung der Paraphrasenbestandteile auf ein höheres Abstraktionsniveau vorzunehmen. Im Zweifelsfall müssen hier theoretische Vorannahmen hinzugezogen werden. Dies bedeutet, dass Textstellen, in denen die Aussagen der interviewten Personen nicht eindeutig genannt aber gemeint sind bzw. in der Aussage implizit vorhanden sind, mit den im ersten Teil dieser Arbeit dargelegten theoretischen Vorinformationen angereichert werden.

(4) **Erste Reduktion:** Im ersten Reduzierungsschritt werden inhaltsgleiche Paraphrasen sowie jene, die auf dem definierten Abstraktionsniveau als nicht bedeutungsrelevant und nichtssagend erscheinen, gestrichen. Wiederholende oder verdeutlichende Textbestandteile können in diesem Durchlauf ebenfalls gestrichen werden. Die inhaltstragenden Paraphrasen hingegen werden übernommen.

(5) **Zweite Reduktion:** Der zweite Reduzierungsschritt sieht vor, sich aufeinander beziehende Paraphrasen zu einer neuen Aussage zusammenzutragen.

(6) **Bildung des Kategoriensystems:** Diese neuen Aussagen werden im sechsten Schritt in ein Kategoriensystem überführt, das induktiv aus dem Material abgeleitet wird und im Verlauf der Auswertung überarbeitet und durch neue Kategorien ergänzt werden kann.

(7) **Rücküberprüfung am Ausgangsmaterial:** Der letzte Schritt beinhaltet schließlich die Rücküberprüfung des zusammengestellten Kategoriensystems am Ausgangsmaterial, wobei sichergestellt werden muss, dass alle Paraphrasen in den Kategorien aufgehen und die neuen Aussagen das Ausgangsmaterial noch repräsentieren (vgl. Mayring 1990: 69, 2010: 66ff.).

Diese detaillierte und systematisch durchzuführende Abfolge bestehend aus sieben Schritten kann bei großen Materialmengen auch gebündelt werden. Mayring (2010: 69) schlägt dafür vor, die Schritte (2) bis (5) parallel zu vollziehen. Diese Variante wird für die vorliegende Auswertung der Interviewtranskripte gewählt. Das bedeutet, dass bei der ersten Materialdurchsicht bereits beide Reduktionsschritte vorgenommen werden und die Paraphrasierung inhaltstragender, für die Beantwortung der Forschungsfragen relevanter Passagen in eine Tabelle überführt werden, ohne dass Dopplungen durch inhaltsgleiche Textstellen entstehen. Tauchen bereits überführte Aussagen bei der weiteren Durchsicht des Materials noch einmal auf, werden diese nicht erneut erfasst. Die Auswertung erfolgt nach der Reihenfolge der im Interviewleitfaden festgelegten Fragen. Das Verfahren bleibt somit theoriegeleitet, da die Interviewfragen sich aus den Forschungsfragen ergeben und diese auf theoretischer Basis entwickelt wurden. Mit diesem Vorgehen kann sichergestellt werden, dass die Forschungsfragen beantwortet werden können.

Nachdem alle relevanten Aussagen aus den Interviews in Bezug auf die einzelnen Fragen in die Tabelle überführt sind, kann nach dem Schritt der Paraphrasierung und Generalisierung das Kategoriensystem gebildet werden. Ähnliche oder gar gleiche Aussagen werden unter eine Kategorie gefasst. Jede Textpassage wird in der Regel einer Kategorie zugeordnet, bei inhaltlichen Überschneidungen kann eine Textstelle jedoch auch mehreren Kategorien zugeordnet werden. Die Kategorienbildung ist demnach ein offenes Vorgehen, da sie während des Auswertungsprozesses verändert, den Aussagen entsprechend angepasst und erweitert werden kann (vgl. für ein ähnliches Verfahren Gläser/Laudel 2004: 195ff.). Im letzten Schritt wird die Rücküberprüfung am Gesamtmaterial vorgenommen. Dies erfolgt durch einen zweiten Materialdurchlauf. Die aus der Paraphrasierung und Generalisierung gewonnenen Aussagen können zudem anhand des Zeilennummernverweises und der angeführten Textstelle überprüft werden.

# 4. Ergebnisse

Nachdem die gewählte Methode der inhaltsanalytischen Datenauswertung in ihrer theoretischen Konzeption vorgestellt wurde, widmet sich dieses Kapitel den Ergebnissen, die mithilfe der zusammenfassenden qualitativen Inhaltsanalyse gewonnen wurden. Nach Abschluss der Auswertung ergeben sich 96 Unterkategorien. Aus dem systematischen Analyseprozess werden die gebildeten Unterkategorien schließlich in die folgenden endgültigen Kategorien überführt:

1. Ansätze bzw. Richtungen der Mediation
2. Mediationsmethoden
3. Mediationsfälle
4. Gründe für den Einsatz von Aufstellungsarbeit in der Mediation
5. Aufstellungsformen in der Mediation
6. Einsatz und Begründung der Aufstellungsformen in den Mediationsphasen
7. Faktoren für den Einsatz von Aufstellungsarbeit
8. Rollenwechsel des Mediators
9. Erfolgsfaktoren der Mediation
10. Erfolgsfaktoren der Aufstellungsarbeit und Mehrwert für die Mediation
11. Herausforderungen bei der Kombination
12. Interkulturelle Verständigung/Konfliktlösung durch Aufstellungsarbeit in der Mediation

In den folgenden Kapiteln werden die Ergebnisse aus der inhaltsanalytischen Datenauswertung der Interviews in einem ersten Schritt anhand der aufgeführten Kategorien dargestellt (Kapitel 4.1) und in einem weiteren Schritt interpretiert und diskutiert (Kapitel 4.2). Zur Wahrung der Übersichtlichkeit und Lesbarkeit orientiert sich die inhaltliche Gliederung an den Kategorienbezeichnungen, die der Ergebnisdarstellung als Unterkapitel dienen.

## 4.1 Darstellung der Ergebnisse

Die kategorienbasierte Auswertung der Aussagen der Interviewpartner ermöglicht einen optimalen Vergleich. Zudem können mögliche fallübergreifende Zusammenhänge bezüglich der Antworten erkannt werden. Anhand der festgelegten Kategorien können die Ergebnisse der Auswertung geordnet dargestellt und einander gegenübergestellt werden. Die Darstellung der Kategorien erfolgt unter Einbezug der vorab gebildeten Unterkategorien und wird mit ausgewählten Zitaten der interviewten Experten angereichert, um die dargestellten Ergebnisse zu verdeutlichen. Für die Beschreibung der Aussagen werden an einigen Stellen, an denen dies sinnvoll und nützlich erscheint, die theoretischen Vorannahmen zur vertiefenden Erklärung herangezogen (s. Kapitel 3.3.5.5).

### 4.1.1 Ansätze bzw. Richtungen der Mediation

Die meisten befragten Experten bedienen sich gängiger, weit verbreiteter Ansätze, die sich für die Mediation über Jahrzehnte hinweg als wertvoll erwiesen haben. Die überwiegende Mehrheit der Befragten (9 Nennungen) gibt mehrere Ansätze bzw. Richtungen der Mediation an, die sie vertreten. Die drei Experten, die ausschließlich einen Mediationsansatz nennen, vertreten den systemischen Ansatz (B9), den transformativen Ansatz (B11) sowie das Harvard-Konzept der Mediation (B10) (s. Kapitel 2.2.1).

Zwei der neun Befragten (B2, B8) weisen darauf hin, den Ansatz der Mediation flexibel zu gestalten und an die Wünsche, Bedürfnisse, Ziele und Themen ihrer Medianden anzupassen, um eine bestmögliche Konfliktklärung zu gewährleisten:

> „B2: Ich finde, dass man sehr situationsorientiert arbeiten muss, dass man gucken muss, was die Kunden wollen und was die brauchen" (B2, Z. 9f.).

Dabei trifft eine weitere Person die gleiche Aussage, nennt jedoch keinen bestimmten Mediationsansatz (B5). Die Hälfte der Befragten (B2, B3, B4, B7, B8, B11) verfolgt den transformativen Ansatz der Mediation. Den lösungsorientierten Ansatz nennen außerdem drei Personen (B2, B4, B6). Der systemische Ansatz der Mediation wird von insgesamt einem Drittel der Befragten vertreten (B2, B3, B6, B9), eine Person benennt den integrierten Ansatz als Mediationsrichtung (B3). Eine weitere befragte Person nennt als einzige die Ansätze der facilitative, interest-based und understanding-based mediation (B7). Wiederum eine andere Person führt die Klärungshilfe als nützlichen Mediationsansatz an (B8). Zwei der zwölf Mediatoren können ihren Mediationsansatz in keinen theoretischen, begriffsdefinitorischen Zusammenhang setzen (B1, B12). B12 verweist dabei auf berufliche Erfahrungswerte aus der Ausübungspraxis.

### 4.1.2 Mediationsmethoden

Bei der Wahl der verwendeten Mediationsmethoden zeigen sich deutliche Tendenzen: Elf von zwölf Befragten nennen die klassischen Basismethoden der Mediation (s. Kapitel 2.2.2). Explizit genannt werden Methoden wie das Spiegeln, aktives Zuhören, Fragetechniken, Techniken für den Perspektivwechsel wie beispielsweise ein Rollentausch, die Platzwechsel- oder Sprungbrettmethode, das Erzählen von Metaphern oder Geschichten, das Doppeln, das Reframing, die Verwendung von Ich-Botschaften, das Beobachten und Deuten von Körpersprache, das Paraphrasieren, das Zusammenfassen, das Führen von Einzelgesprächen sowie das Brainstorming.

Zusätzlich stellt sich heraus, dass keine Person sich nur einer Methode bedient, sondern eine breite Auswahl unter allen zwölf Mediatoren zum Einsatz kommt. Eine Person macht auf diesen Aspekt aufmerksam:

> „B2: Ich habe aber eher so einen integrativen Ansatz dahingehend, dass ich viele Methoden nutze die ich aus unterschiedlichsten Kontexten kenne" (B2, Z. 46ff.).

Darüber hinaus heben vier Befragte hervor (B1, B2, B5, B8), sich individueller, auf die Rahmenbedingungen des Mediationsprozesses angepasster, Methoden zu bedienen. Beispielhaft deutlich wird dies an der Aussage von B8:

> „B8: [...] da gilt der gleiche Grundsatz, also dass die Methode immer dem Ziel folgt und ich habe da sozusagen die Reihenfolge im Rahmen von Konfliktmanagement gucke ich welches Programm ich wähle und wenn ich dann Mediation wähle, kommt es auch darauf an / eine Methode wähle ich aus, je nach Eskalationsniveau, nach Zielen, nach Phase und da bin ich total flexibel" (B8, Z. 24ff.).

Ein Drittel der Befragten gibt neben den Gesprächsführungstechniken zusätzlich an, visualisierende Techniken wie beispielsweise Bilder malen als Mediationsmethoden zu verwenden (B2, B3, B8, B11). Überraschend ist, dass neben diesen Angaben zu praktizierten Mediationsmethoden auch Aufstellungsarbeit bereits bei dieser Frage als Methode der Mediation genannt wird. Mehr als die Hälfte der Befragten (7 Nennungen) zählt Aufstellungsarbeit zu den bereits genannten Methoden mit auf, u.a. B5:

> „B5: Paraphrasieren, wieder Zusammenfassen, Doppeln im Speziellen dann oder dann halt Aufstellen, im Sinne. Das verwende ich auch als Mediationsmethode" (B5, Z. 32ff.).

Befragt zu den verwendeten Mediationsmethoden zeigt sich schließlich die eindeutige Überlegenheit des klassischen Methodenrepertoires. Diese verbinden einige Experten zusätzlich mit visualisierenden Techniken, wie dem erwähnten Bilder malen.

### 4.1.3 Mediationsfälle

Die Mediationsfälle, mit denen die Mediatoren in der Regel arbeiten, weisen ein breites Spektrum an Mediationsfeldern auf. Alle Befragten sind im Feld der Wirtschaftsmediation tätig, davon drei ausschließlich (B8, B11, B12). Im Rahmen der Mediation im wirtschaftlichen Kontext konzentrieren die meisten Personen sich auf innerbetriebliche Konflikte in Organisationen oder Unternehmen. Zwei der zwölf Mediatoren geben an, auch zwischen Unternehmen zu vermitteln (B1, B5). Neben der Mediation im wirtschaftlichen Bereich agieren zwei Befragte u.a. auch im schulischen Kontext (B1, B10). Ein weiterer Bereich ist die Familienmediation, die von fünf Mediatoren angeboten wird (B2, B3, B4, B9, B10). Ein weiteres praktiziertes Anwendungsfeld der Befragten ist die Mediation in öffentlichen Einrichtungen, welche vier Personen anbieten (B3, B5, B6, B7). Etwaige Mediationsfälle treten in Krankenhäusern, Behörden, Verwaltungen und Kulturbetrieben auf. Eine Person betreibt darüber hinaus Mediation im internationalen politischen Kontext sowie bei interkulturellen Konflikten zwischen ausländischen und lokalen Mitarbeitern von Organisationen (B7).

Die geschilderten Mediationsfelder, in denen die Befragten tätig sind, zeigen, dass die zwölf interviewten Experten in den klassischen Anwendungsfeldern der Mediation agieren (s. Kapitel 2.2.5 sowie 2.2.6).

### 4.1.4 Gründe für den Einsatz von Aufstellungsarbeit in der Mediation

Die Frage nach den Gründen für den Einsatz von Aufstellungsarbeit in der Mediation zielt nun bereits konkret auf die Kombination beider Verfahren ab. Die Begründungen sind sehr unterschiedlich, dennoch lassen sich auch hier Tendenzen anmuten. Alle zwölf Mediatoren geben mehrere Gründe für die Wahl von Aufstellungsarbeit in der Mediation an.

Zwei Mediatoren (B1, B3) treffen eine allgemeine Aussage, dass sie Aufstellungsarbeit für eine sehr wirkungsvolle bzw. wirksame Methode halten und diesen Aspekt in der Mediation nutzen. Daran anknüpfend äußert eine dieser Personen, dass Aufstellungsarbeit für sie eine sehr naheliegende Intervention ist und begründet damit den Einsatz in der Mediation (B1). Mit dieser Aussage begründet eine weitere Person ebenfalls ihren Einsatz (B8). Zwei weitere Befragte äußern indes ihre Begeisterung über Aufstellungsarbeit. Eine dieser Personen ist fasziniert davon, wie der Perspektivwechsel durch eine Aufstellung gelingen kann (B7), die andere Person äußert ihre Begeisterung für die Aufstellungsarbeit „an sich" (B4, Z. 70). In Bezug auf spezielle Vorzüge von Aufstellungsarbeit teilen vier Befragte (B1, B4, B10, B12) das Argument mit B7, durch Aufstellungsarbeit bei den Medianden einen Perspektivwechsel anregen zu können. Eine Person beschreibt diesen Gesichtspunkt wie folgt:

> „B4: [...] es ist ein Mittel um Perspektivwechsel einzuleiten und das halte ich für ein ganz wichtiges Element in der Mediation" (B4, Z. 73f.).

Damit einher geht laut den Aussagen dieser Befragten die dissoziative Haltung, die eine Distanz zur eigenen Einstellung und Haltung in Bezug auf den Konflikt zulässt, um den Konflikt aus einer alternativen Perspektive, gar einer Metaposition wie es eine Person bezeichnet, wahrnehmen zu können:

> „B10: […] für die Person ist es wirklich ein Gehen auf die Metaebene" (B10, Z. 76).

Ein weiterer Grund ist die Einleitung von Veränderungsprozessen, die durch Aufstellungsarbeit in der Mediation gelingen kann. Ein Drittel aller Befragten findet diesen Aspekt nützlich (B1, B2, B5, B12). Eine dieser Personen meint damit bereits räumliche Veränderungen durch Aufstellungsarbeit (B1). Eine weitere konstatiert eine Veränderung der körperlichen Wahrnehmung, die eine Aufstellung bewirkt (B5). Das Loslösen von der kognitiven Ebene wird des Weiteren von insgesamt fünf Experten als Grund angegeben (B2, B5, B8, B9, B11). Damit ist die Auseinandersetzung mit dem Konflikt auf einer eher gefühlsbetonten und körperlich erlebten Ebene als auf der rein sprachlichen gemeint. Die Medianden befassen sich infolge dessen nicht nur mental mit dem Konflikt. Eine dieser fünf Personen etwa findet, dass Aufstellungsarbeit:

> „B11: […] eine Form ist, die nicht die Sprache braucht und die eben auch nicht über das Kognitive geht oder jedenfalls nicht ausschließlich, sondern auch über das Spüren, über Wahrnehmung, Spüren" (B11, Z. 40ff.).

Ein zusätzlicher Vorteil der aus dem Einsatz von Aufstellungsarbeit in der Mediation resultiert ist die visuelle Komponente einer Aufstellung (7 Nennungen). Durch eine Aufstellung wird die Situation sichtbar, da sie nicht mehr nur besprochen wird. Die Medianden können die einzelnen Positionen in einer Aufstellung sehen und dadurch auch besser wahrnehmen als im reinen Gespräch. Daran angelehnt wird als weiterer Grund angegeben, dass die Systemzusammenhänge der vom Konflikt Betroffenen erlebt werden (3 Nennungen). Die Struktur von Systemen kann durch eine Aufstellung prägnant dargestellt und nachvollzogen werden, indem die Systemzugehörigen sich durch Nähe und Distanz zueinander positionieren und ihnen somit ein weiteres Ausdrucksmittel gegeben wird. B6 geht dabei vor allem auf den Aspekt ein, mittels Aufstellungsarbeit vermeintliche Zusammenschlüsse von bestimmten Konfliktbetroffenen erkennen zu können:

> „B6: […] haben sich Koalitionen gebildet, scheinbare Koalitionen und durch eine Aufstellung ist es auch noch mal genial, das herauszufinden oder auch für die Konfliktparteien so eine Klarheit zu kriegen" (B6, Z. 87ff.).

Ein ähnlicher Aspekt wird von zwei Mediatoren angesprochen (B7, B11). Der systemische Ansatz von Aufstellungsarbeit ist ihrer Argumentation zufolge ein guter Grund für den Einsatz in der Mediation, da das gesamte System mit all seinen Zugehörigen auf einen Blick abgebildet (B11) und die Verbesserung der

Befindlichkeiten aller angestrebt wird (B7), wodurch ein wesentliches Prinzip der Mediation, die Allparteilichkeit, bestmöglich umgesetzt werden kann:

> „B7: […] wie das Prinzip der Allparteilichkeit in die Aufstellungsarbeit eingearbeitet ist, nämlich ganz konkret an der Stelle, dass das eigentlich in der Aufstellung allen am Ende besser gehen muss und nicht nur dem Fokus" (B7, Z. 230ff.).

Zuletzt wird angeführt, dass die Aufstellung von ihrer methodischen Konzeption einfach und schnell in einen Mediationsprozess integriert werden kann und somit einen guten Grund für den Einsatz liefert (B11).

Die angegebenen Gründe für den Einsatz von Aufstellungsarbeit in der Mediation sind sehr facettenreich. Entsprechend der Häufigkeitsverteilung der genannten Gründe zeigt sich, dass der Vorteil, mit Aufstellungsarbeit die Situation, in der sich die Streitparteien in Bezug auf den Konflikt befinden, sichtbar werden zu lassen, die wichtigste Eigenschaft als Begründung der Einbettung in die Mediation zu sein scheint (7 Nennungen).

### 4.1.5 Aufstellungsformen in der Mediation

Mit der Kategorie „Aufstellungsformen in der Mediation" sollen die von den zwölf befragten Experten verwendeten Formen von Aufstellungsarbeit erfasst werden, die sie innerhalb eines Mediationsprozesses einsetzen. In dieser Kategorie ist besonders hervorzuheben, dass eine deutliche Mehrheit (10 Nennungen) bescheinigt, die Medianden selbst aufzustellen. Die Medianden repräsentieren sich demzufolge selbst in ihrer Rolle im System:

> „B12: Manchmal ist es die schlichteste Form der Aufstellung, dass einfach die betroffenen Personen die da sind sich zueinander positionieren also durch die Nähe" (B12, Z. 40f.).

Die übrigen zwei Mediatoren (B4, B9), die nicht die Konfliktbeteiligten selbst aufstellen, verwenden nicht personale Repräsentationsmedien. Die Aufstellung mit unbeteiligten, systemfremden menschlichen Repräsentanten wird also von keiner der befragten Personen in der Mediation ausgeübt.

Bis auf eine interviewte Person (B6) setzen neun Befragte zusätzlich zu B4 und B9 nicht personale Repräsentationsmedien ein. Als personifizierte Gegenstände werden hierfür von den Befragten Steine, Figuren (Playmobilfiguren, Holzfiguren, Schlümpfe), Puppen, Papierkugeln, Muscheln oder weitere verfügbare Gegenstände stellvertretend für die Systemmitglieder aufgestellt. Darüber hinaus wird mit Bodenankern gearbeitet, die im Raum positioniert werden und die realen Systemelemente repräsentieren (s. Kapitel 2.3.3). Als Bodenanker verwenden die Interviewpartner nach eigenen Aussagen Papier, Filzplatten, Stühle oder Kissen. Bodenanker bieten den Medianden die Möglichkeit, sich selbst einmal in eine Position zu stellen. So beschreibt es beispielsweise eine Person:

> „B1: [...] ich nutze dazu auch Bodenanker, hauptsächlich Bodenanker und Bodenanker im Sinne von tatsächlichen Gegenständen und Bodenanker auch im Sinne von ein Blatt Papier wo sich dann jemand drauf stellt und sagt was er da wahrnimmt, also wo man zum Beispiel eine Person durch ein Blatt Papier im Raum aufstellt und dann der eine oder der andere in diese Position rein tritt um zu sagen was er da, welche Veränderung er da wahrnimmt" (B1, Z. 172ff.).

Mit Ausnahme von zwei Interviewpartnern, die ausschließlich mit Figuren aufstellen (B4, B9), nennen die Befragten mehrere Formen, die sie in der Mediation einsetzen. Eine Person (B2) berichtet, mit dem sozialen Atom nach Moreno zu arbeiten (vgl. Leutz 1974; Moreno 1974). Die gleiche Person bedient sich zudem der Timeline Methode sowie der Methode der Skalenfragen, zwei weiteren, auf Moreno zurückzuführenden Formen (vgl. u.a. Liefert 2012; Gläßer 2012; Weckert et al. 2011). Eine andere Person verwendet ebenfalls die Aufstellung mit Skalenfragen (B6). B6 beschreibt die Anwendung der Skalenfragen mit den Medianden wie folgt:

> „B6: [...] die stellen sich im Raum nach einer Frage: „Wie stark belastet Sie der Konflikt? Wie groß ist die Hoffnung, auf einer Skala von 1 bis 10, dass sich in dem Konflikt noch was konstruktiv verändern kann?" (B6, Z. 75ff.).

Zwei weitere Personen (B3, B11) verwenden eine Sternpositionierung. Diese Aufstellungsform ähnelt dem Prinzip der Skalenfragen. Auch hierbei wird sich nach einer Meinung oder Aussage positioniert (vgl. Weckert et al. 2011). Eine andere Form, die von drei Befragten genannt wird (B5, B6, B8), ist die soziometrische Aufstellung. Auch dieses Format geht auf Moreno zurück (vgl. u.a. Leutz 1974). Eine Person hebt für die Soziometrie hervor, dass es sich besonders in Gruppenkonstellationen gut anwenden lässt:

> „B5: Öfters habe ich mit großen Gruppen so eher im Bereich soziometrischer Aufstellung / so sichtbar machen" (B5, Z. 62f.).

Ein letztes, ebenfalls von drei Befragten (B6, B8, B11) angewandtes Verfahren ist die Skulpturaufstellung, welche sich aus der Skulpturarbeit Virginia Satirs entwickelte (vgl. Satir/Baldwin 1988). Eine befragte Person hebt für die Arbeit Satirs und Morenos folgende Besonderheit für die Mediation hervor:

> „B8: Psychodrama und Satir sind ja die, die auch mit Originalpersonen dann aufstellen, die beiden Sachen finde ich gehen für mich dann" (B8, Z. 141ff.).

Für die Kategorie der Aufstellungsformen in der Mediation lässt sich abschließend festhalten, dass nahezu alle Befragten ihre Klientensysteme mit nicht personalen Repräsentationsmedien wie Bodenankern oder kleineren Gegenständen aufstellen (11 Nennungen) oder sich die Medianden selbst im Raum positionieren lassen (10 Nennungen).

### 4.1.6 Einsatz und Begründung der Aufstellungsformen in den Mediationsphasen

Nachdem die befragten Experten die von ihnen in der Mediation eingesetzten Aufstellungsformen erläutert haben, soll ergründet werden, in welche Phasen der Mediation die beschriebenen Konzepte eingebettet werden. Darauf folgt die Begründung für die Wahl in den jeweiligen Phasen.

Die von den Interviewpartnern genannten Phasen erstrecken sich über die Vorphase bis hin zu Phase 4 (s. Kapitel 2.2.3). Alle Interviewpartner gestalten ihren Mediationsprozess nach dem klassischen Fünf-Phasen-Modell (vgl. u.a. Besemer 1995; Weckert et al.). Einzig in der letzten und fünften Phase der Übereinkunft wird in keinem der Fälle mit Aufstellungen gearbeitet. Die deutlichste Tendenz geht zu Phase 3 der Konflikterhellung und Vertiefung. Zehn von zwölf Befragten geben an, ihre Aufstellungsformen in dieser Phase einzusetzen. Dabei nennen sieben Personen nicht nur eine Phase. Ein Drittel der Befragten verwendet Aufstellungsformen in drei Mediationsphasen (B5, B6, B8, B11). Fünf Befragte setzen Aufstellungsarbeit auch in Phase 2, in der es um die Darstellung der jeweiligen Sichtweisen geht, ein (B2, B3, B6, B8, B9). Ebenfalls fünf Befragte (B4, B5, B8, B10, B11) nennen auch Phase 4 in der nach Problemlösungen gesucht wird und konkrete Lösungsvorschläge erarbeitet werden. In den Fällen, in denen in nur einer Phase der Mediation mit Aufstellungsformen gearbeitet wird (4 Nennungen), sind es die Phasen 2, 3 oder 4. Zwei Befragte (B5, B6) berichten zusätzlich, Aufstellungsarbeit in die erste Mediationsphase zu integrieren, also bereits zu Beginn der Mediation, um die Medianden kennenzulernen und mögliche Themen aus der Aufstellung für den bevorstehenden Mediationsprozess ableiten zu können. Zudem erzählt eine Person (B11), eine Aufstellung schon in der Vorphase einzusetzen, in der die eigentliche Mediation noch gar nicht stattfindet, sondern Mediator und Mediand(en) sich noch in der Auftragsklärung befinden.

Begründet wird die Wahl der Phasen mit verschiedenen Argumenten. Auch hier gibt es Mehrfachnennungen. Der meistgenannte Grund ist, dass durch eine Aufstellung die Systemzusammenhänge erkannt bzw. abgebildet werden können. Dies gibt etwas weniger als die Hälfte der Befragten an (B3, B5, B6, B8, B11). Aufstellungsarbeit kann Klarheit darüber schaffen, was in dem jeweiligen System überhaupt vor sich geht und wie die Beziehungsstrukturen in Bezug auf den Konflikt sind. Dies kann in Worten häufig nicht so unmittelbar und eindeutig ausgedrückt werden. Diese Begründung wird für verschiedene Phasen angegeben. Von vier Personen (B5, B8, B10, B11) wird ihre Phasenwahl darüber hinaus damit begründet, die Situation räumlich darzustellen, ohne verbal zu kommunizieren:

> „B10: […] manchmal schreit es regelrecht, gar nicht groß zu reden, sondern gleich zu sagen: „Gut, wir gucken es uns mal an über eine Aufstellung" und das spricht ja für sich" (B10, Z. 118ff.).

Für die Phasen 2 und 3 geben drei Personen (B4, B5, B9) als Grund an, die vorhandenen Bedürfnisse und Interessen der Medianden über eine Aufstellung zum Ausdruck bringen zu können. Für eine befragte Person ist dieser Aspekt gerade in der zweiten Phase sehr wertvoll:

> „B9: In der Phase 2 ist es einfach hilfreich, um eben neben dem was so offenkundig als Thema beschrieben wird, zu eruieren, gibt es darüber hinaus möglicherweise noch andere Dinge die wichtig sind, die eine Rolle spielen" (B9, Z. 83ff.).

Doch auch für die dritte Mediationsphase erweist sich dieser Aspekt als nützlich, in der bislang nicht aufgekommene Bedürfnisse und Interessen mithilfe einer Aufstellung herausgearbeitet werden können. Der Einsatz von Aufstellungsarbeit in der vierten Mediationsphase erfolgt mit der Begründung, eine andere Perspektive auf Lösungen schaffen zu können (4 Nennungen). Durch eine Aufstellung können Lösungsideen generiert werden, die erst durch die Positionierung entstehen:

> „B4: […] dass man noch mal von außen vielleicht auf die Lösung schaut und diese / vielleicht noch einmal Fragen stellt. Da kann es auch hilfreich sein noch einmal einen Blick darauf zu werfen" (B4, Z. 138ff.).

Von drei Personen (B1, B11, B12) wird der Aspekt genannt, mit Aufstellungsarbeit eingebettet in die Phasen 3 und 4 den Prozess zu beschleunigen und damit voranzubringen, so dass sich der Konflikt nicht festfahren kann:

> „B12: Ziel ist es immer, eine gute Fließgeschwindigkeit in den Mediationsprozess hinein zu holen. Ich versuche wirklich zu vermeiden, dass ein Prozess sich festfährt und ich versuche zu vermeiden, dass gar nichts mehr geht als sich entweder zu beschimpfen oder auf seiner eigenen Position zu beharren" (B12, Z. 74f.).

Die zeitliche Komponente spielt demzufolge auch eine wichtige Rolle bei der Wahl der Aufstellung in einer Phase. Neben den mehrfach genannten Gründen gibt es drei Personen, die je eine weitere Begründung anführen. Eine Person schildert ihre Phasenwahl als intuitive Entscheidung (B2), die aufgrund von langjähriger beruflicher Erfahrung getroffen wird. Eine andere erklärt ihre Entscheidung mit dem Ausschlussverfahren (B7). Eine Verwendung in anderen als der Phase der Konflikterhellung und Vertiefung würde schlichtweg keinen Sinn ergeben. Die dritte Begründung, die eine einzelne Person abgibt ist die, dass Aufstellungsarbeit in der Phase der Konflikterhellung das gegenseitige Verständnis fördern kann und somit einen Beitrag in dieser Phase leistet (B12).

Resümierend kann für diese Kategorie festgehalten werden, dass die angewendeten Aufstellungsformen am häufigsten in die Mediationsphase 3 (10 Nennungen) eingebettet werden. Der meistgenannte Grund (6 Nennungen) für den Einsatz von Aufstellungsarbeit in den Mediationsphasen ist es, die jeweiligen Beziehungszusammenhänge innerhalb eines Systems erkennen zu können.

### 4.1.7 Faktoren für den Einsatz von Aufstellungsarbeit

Die Frage, mit welchen Konfliktfällen sich besonders gut und mit welchen sich überhaupt nicht mit Aufstellungsarbeit in der Mediation arbeiten lässt, zeigt, dass diese Frage in zwei Antwortkategorien untergliedert werden muss, so dass diese Kategorie die Bezeichnung „Faktoren für den Einsatz von Aufstellungsarbeit" erhält. Berücksichtigt werden dabei zum einen solche Aussagen, die sich auf die Art eines Konflikts beziehen und zum anderen jene, die andere Faktoren als entscheidender empfinden als die Art eines Konfliktes. Drei Befragte (B1, B5, B10) äußern beispielsweise, keine Bedenken bezüglich der Art von Konflikten zu haben, da ihren Aussagen zufolge der Einsatz einer Aufstellung nicht in Bezug zu dem vorliegenden Konfliktfall steht. B10 stellt dies wie folgt dar:

> „B10: Also ich würde mal schon so sagen, Konflikte jeglicher Art" (B10, Z. 132f.).

Ein mehrfach erwähnter Grund (4 Nennungen), der sich nicht auf einen bestimmten Konfliktfall zurückzuführen lässt, stützt sich auf die notwendige Voraussetzung der Bereitschaft der Medianden, sich auf eine Aufstellung einzulassen und eine wirkliche Lösungsfindung zu fokussieren. Zwei Interviewpartner (B2, B5) halten indes den beruflichen Hintergrund ihrer Medianden für die Wahl von Aufstellungsarbeit als ausschlaggebend. Dabei argumentieren diese Personen, mit bestimmten Berufsgruppen Aufstellungsarbeit besser durchführen zu können als mit anderen, da möglicherweise aufgrund des eigenen beruflichen Hintergrunds eine gewisse Nähe oder Kenntnis und damit Offenheit gegenüber der Methode vorhanden ist:

> „B5: Wenn ich mit einer Gruppe Sozialarbeiter beispielsweise – das ist jetzt etwas klischeehaft – einen Teamkonflikt, den sie haben, bearbeite und schon alle von Aufstellungen gehört haben, schon etwas kennen, kann ich das durchaus anbieten" (B5, Z. 122ff.).

Ein weiterer Faktor für den Einsatz von Aufstellungsarbeit ist fünf Mediatoren (B3, B4, B5, B7, B9) zufolge die Art des Klientensystems. So äußert sich eine Person kritisch darüber, Aufstellungsarbeit innerhalb von Familienmediationen zu verwenden. In solchen Konfliktfällen mache es mehr Sinn, mit anderen Mediationsmethoden zu arbeiten:

> „B3: Wo ich auch vorsichtig bin, am Anfang – also wo ich nicht eine Diagnose mache – sind Familien. Da muss man auch immer erst mal sprechen. Oder sie malen es auf, aber nicht hinstellen" (B3, Z. 153ff.).

Eine weitere Person vertritt diesbezüglich eine andere Meinung. Diese sieht eher im wirtschaftlichen Bereich eine potenzielle Ablehnung gegenüber Aufstellungen (B4). Eine dritte befragte Person gibt ebenfalls an, im wirtschaftlichen Umfeld aufgrund einer gewissen Skepsis der Medianden weniger gut mit Aufstellungen arbeiten zu können als im familiären Kontext (B9). Noch eine weitere Person hingegen bemerkt, sowohl im wirtschaftlichen als auch familiären Kontext Aufstellungsarbeit in der Mediation für sinnvoll zu erachten (B7). Dieser Person zufolge kann Aufstellungsarbeit für alles, was systemisch behandelt werden kann gut angewendet werden. Zwei derjenigen (B4, B9), die Aufstellungsarbeit als geeignetes Werkzeug für die Familienmediation erachten, begründen ihre Meinung mit dem Argument, Emotionalität würde die Bereitschaft für ein solches Verfahren steigern. Da es in familiären Konfliktfällen in der Regel um starke Emotionen geht, würde Aufstellungsarbeit hier gut anwendbar sein. Andere Befragte bescheinigen wiederum, mit Aufstellungsarbeit gut bei Teamkonflikten im organisationalen Kontext arbeiten zu können (4 Nennungen). Ebenfalls vier Personen (B4, B6, B7, B8) treffen die Entscheidung über den Einsatz von Aufstellungsarbeit in der Mediation in Abhängigkeit von dem bestehenden Eskalationsgrad (s. Kapitel 2.1.1) auf dem sich ein Konflikt befindet. Bei höher eskalierten Konflikten sei dieses Verfahren schlichtweg ineffektiv. Diese Gegebenheit ist auf das stetig abnehmende gegenseitige Vertrauen der Konfliktparteien zurückzuführen, je weiter ein Konflikt eskaliert. Dabei geben zwei dieser Personen (B6, B7) den genauen Eskalationsstand als Grenze für den Einsatz an. Dieser liegt zwischen der vierten und fünften Eskalationsstufe:

> „B7: Wo wir immer sagen würden, alles bis maximal Eskalationsgrad 4, nach Glasl" (B7, Z. 132f.).

Es gibt sechs weitere Personen, die jeweils Entscheidungsgründe angeben, die keine befragte Person sonst nennt. In einem dieser Fälle wird zu bedenken gegeben, dass es in Konfliktfällen, in denen Systemmitglieder diskriminiert oder ausgeschlossen werden, nicht von Vorteil ist mit einer Aufstellung zu intervenieren

(B3). Eine andere Person gibt an, Aufstellungsarbeit in bestimmten Konfliktfällen als ein zu „starkes Medikament" (B7, Z. 176) zu erachten. In diesen Fällen sollte zunächst erst einmal mit einem Gespräch deeskaliert werden. Noch eine Person beurteilt die Aufstellungsarbeit mit systemfremden Stellvertretern als ganz und gar unzweckmäßig für jegliche Konfliktfälle (B8). Eine weitere Meinung ist, Aufstellungsarbeit für die Ursachenforschung nur schwer anwenden zu können (B10). Gut hingegen lässt sich dieser Person zufolge aber bei Störungen des Systems mit Aufstellungen arbeiten, da ein Aufstellungsbild die Unordnung, die zu einer Störung geführt hat, sichtbar werden lässt. Von einer anderen befragten Person werden solche Konfliktfälle als ungeeignet betrachtet, in denen die Medianden zu unterschiedliche intellektuelle Fähigkeiten aufweisen und daher eine Konfliktklärung auf Augenhöhe nicht gewährleistet werden kann (B12).

In dieser Kategorie wird deutlich, dass die Faktoren für den Einsatz von Aufstellungsarbeit in der Mediation mit den individuellen Bedingungen einer Mediation korrelieren. Die zwei meistgeäußerten Faktoren sind zum einen das jeweilige Eskalationsniveau eines Konflikts (geeignet bis Stufe 4) und zum anderen die Art des Klientensystems. Dabei vertreten drei Befragte die Ansicht, dass Aufstellungsarbeit sich für den organisationalen Kontext besser eigne als für den familiären Bereich. Diese Auffassung bestärken weitere vier Befragte mit der Meinung, Aufstellungsarbeit bei Teamkonflikten gut anwenden zu können. Zwei Befragte sind anderer Ansicht; aus ihrer Erfahrung bestätigen sie eine gesteigerte Bereitschaft für Aufstellungsarbeit in familiären Konfliktfällen aufgrund der ohnehin starken emotionalen Verbindung zwischen den Familienmitgliedern.

### 4.1.8 Rollenwechsel des Mediators

Die Kategorie „Rollenwechsel des Mediators" stützt sich auf die Frage nach der Vereinbarkeit der Rollen als Mediator und Aufstellungsleiter. Konkret wird danach gefragt, wie die interviewten Experten den Rollenwechsel wahrnehmen und in sich als Person und in ihrer Arbeit integrieren. Die Antworten schließen darauf, dass kaum ein Rollenwechsel wahrgenommen wird. Drei Befragte geben an, einen geringen Wechsel der Rollen zu spüren und tendenziell dabei in der Rolle des Mediators zu bleiben. Zwei Drittel bescheinigen sogar, ihre Mediatorenrolle auch während der Leitung einer Aufstellung nicht zu verlassen bzw. die Haltung nicht zu verändern:

> „B3: Deshalb ist das für mich von der Haltung her die gleiche" (B3, Z. 170).

Ferner merkt ein Drittel der Befragten an, den Rollenwechsel weniger in sich vereinen zu müssen sondern mehr darauf zu achten, den Medianden gegenüber eine klare Rollenänderung anzumerken:

> „B12: […] also das ist einfach eine Frage von <u>Transparenz</u>, dass ich deutlich mache, in welcher Funktion ich jeweils agiere" (B12, Z. 118f.).

In dieser Kategorie zeigt sich erstmals keine Einzelnennung. Hier sind Antworten bezüglich der gestellten Frage weitestgehend deckungsgleich. Die vertretenen Ansichten, einen geringen bis gar keinen Rollenwechsel zu spüren, bilden folglich einen Konsens unter den Befragten.

### 4.1.9 Erfolgsfaktoren der Mediation

Die Frage „Was macht Mediation erfolgreich?" soll die vertretenen Einstellungen der befragten Mediatoren zu ihrer Arbeit ermitteln. Mediation bildet den Hauptbestandteil ihrer beruflichen Tätigkeit und die Grundlage der Konfliktvermittlung. Die Ausprägungen in Bezug auf diese Frage zeigen insgesamt neun Erfolgsfaktoren, die die Befragten ihrer Arbeit beimessen. Die Antworten sind weniger davon beeinflusst, welchen Stellenwert das Verfahren Mediation grundsätzlich in der Beratungspraxis einnimmt, sondern ergeben sich aus den individuellen Erfahrungswerten der meist langjährig ausgeübten Tätigkeit. Dennoch gibt es auch in dieser Kategorie übereinstimmende Aussagen. Bis auf vier Experten (B1, B2, B4, B7) nennen die befragten Mediatoren mehrere erfolgbringende Faktoren. Ebenfalls bezeichnend ist, dass es lediglich zwei Aussagen gibt, die als Erfolgsfaktor von nur einer Person geäußert werden. So erklärt eine Person (B6), durch die Mediation einen systemischen Blick auf die Strukturen einer Organisation oder eines Unternehmens zu haben. Für eine andere Person ist die Methode des Perspektivwechsels das „zentrale Thema" (B7, Z. 241) in der Mediation. Der Erfolgsgarant ist also der, sich auf den vermeintlichen Gegner einlassen und sich in dessen Standpunkt hineinversetzen zu können.

Für drei Befragte (B1, B6, B9) ist eher der Raum, den ein Mediationsprozess für die Konfliktklärung und -lösung eröffnet, einer der Erfolgsfaktoren. In diesem geschützten Raum erhalten die Konfliktparteien die Möglichkeit, in einen Dialog zu treten und gemeinschaftlich konstruktiv an einer Lösung zu arbeiten um an neue Lösungswege zu gelangen (s. Kapitel 2.2). Eine sehr ähnliche Auffassung vertreten ebenfalls drei Befragte (B3, B4, B5). Für sie ist Mediation deshalb erfolgreich, weil sie der Konfliktaustragung durch ihre strukturierte Verfahrensweise einen Rahmen bietet. Innerhalb dieses Rahmens können die einzelnen Parteien zueinander finden und ihre gegensätzlichen Einstellungen einander auf eine schonende Weise mitteilen um schlussendlich eine nachhaltig wirkende Lösung für ihren Konflikt zu finden:

> „B4: […] letztlich stellt der Mediator ja nur einen Rahmen zur Verfügung und in diesem Rahmen können die Medianden ihr Bild malen und auch ihre Zukunft gestalten" (B4, Z. 198f.).

Zwei Drittel der Befragten (B3, B5, B6, B8, B9, B10, B11, B12) schätzen besonders an der Mediation, es den Streitparteien überhaupt erst ermöglichen zu können Kontakt herzustellen und sich einander anzunähern. Im Verlauf eines Mediationsprozesses werden die Medianden immer wieder mit den Gedanken und Standpunkten der eigentlichen Kontrahenten konfrontiert. Dies ist im alltäglichen Umgang in einem konfliktären Verhältnis meist nicht der Fall. Bei hoch eskalierten Konfliktverhältnissen kann es sogar sein, dass gar keine Verständigung mehr stattfindet (s. Kapitel 2.1.1). Eine Person hebt diesen Aspekt deutlich hervor:

> „B3: Die Arbeit mit Mediation macht erfolgreich, dass die Leute hören was der andere denkt und fühlt und langsam ein Gespür dafür bekommen, was bei dem anderen los ist und die Basis der Verständigung wieder hergestellt wird" (B3, Z. 191ff.).

Somit gelingt es mit einer Mediation, eine grundlegend friedlich ausgerichtete Verständigungsbasis zu schaffen, die in eine Annäherung übergeht, geleitet durch einen fairen und respektvollen Dialog. Nur infolge eines solchen Dialogs kann letztlich der Leitgedanke der Mediation umgesetzt werden, eine Win-Win-Situation zu schaffen. Ein Drittel der Befragten (B4, B9, B10, B11) meint zudem, dass Mediation erfolgreich ist, da sie die eingenommenen und oft im Verlauf des Konflikts verfestigten Haltungen transformiert, um Konsenslösungen zu generieren. Ein Mediationsprozess bedingt das Hinterfragen der eigenen Position und bringt die Parteien auf eine distanzierte Ebene. Dadurch kann eine Bereitschaft zur Transformation der inneren Haltung herbeigeführt werden, die den Dialog über eine Lösungsfindung eröffnet:

> „B4: […] dass tatsächlich man seine Haltung mal überdenkt, das einfach mal wirken lässt was da passiert und damit zur Lösung zu kommen, halte ich für eine sehr positive Eigenschaft der Mediation" (B4, Z. 201ff.).

Weitere Erfolgsfaktoren der Mediation sind die wesentlichen Merkmale der Eigenverantwortung und Freiwilligkeit mit denen sich Konfliktparteien an einen Mediator wenden (5 Nennungen). Die Freiwilligkeit, mit der eine Mediation stattfindet, untermauert die eigenverantwortliche Konfliktaustragung und -beilegung (s. Kapitel 2.2). Der Grundsatz, eine Mediation aus eigenem Willen zu veranlassen, bestärkt die Suche nach einer einvernehmlichen und für alle Parteien befriedigenden Konfliktlösung:

> „B9: Also ein wichtiger Teil ist für mich, dass in der Mediation die Medianden die Lösung selber finden" (B9, Z. 155f.).

An dieses Grundprinzip der Mediation anknüpfend beurteilen zwei weitere Befragte (B5, B6) die Allparteilichkeit und Neutralität mit der ein Mediator den

Prozess begleitet, als gewinnbringend und erfolgsversprechend (s. Kapitel 2.2.4). Diese Grundhaltung fördert den einvernehmlichen und konsensgeleiteten Mediationsprozess, der einen Ausgleich zwischen den Medianden schaffen kann. Mit seiner Rolle als allparteiliche, neutrale und externe Instanz kann ein Mediator alle Positionen gleichberechtigt einbeziehen und seine urteilsfreie Vermittlerfunktion prozessunterstützend ausüben:

> „B6: Also ich finde die Arbeit erfolgreich macht einmal, dass jemand Externes da ist, der tatsächlich einen neutralen Blick auf die Situation hat" (B6, Z. 222f.).

Zwei Befragte bewerten zu den konkret benannten Erfolgsfaktoren darüber hinaus Mediation an sich als eine erfolgreiche Methode für die Konfliktbearbeitung (B2, B8).

Abschließend können die Aussagen der Interviewpartner mit Blick auf die Kategorie „Erfolgsfaktoren der Mediation" wie folgt zusammengefasst werden: Acht von zwölf Befragten bemessen den Erfolg einer Mediation daran, die Konfliktparteien wieder in Kontakt zu bringen und dadurch eine Annäherung dieser zu ermöglichen. Etwas weniger als die Hälfte (5 Nennungen) sieht überdies das Prinzip der Eigenverantwortung sowie Freiwilligkeit der Medianden als erfolgsversprechend. Ein Drittel ist der Ansicht, mit einer Mediation die Meinungen bzw. Standpunkte der Konfliktparteien transformieren und daraus Lösungen generieren zu können.

### 4.1.10 Erfolgsfaktoren der Aufstellungsarbeit und Mehrwert für die Mediation

Nachdem die Erfolgsfaktoren der Mediation herausgearbeitet werden konnten, sollen die befragten Experten ihre Meinung zu den Erfolgsfaktoren der Aufstellungsarbeit mitteilen. Ferner zielt die Frage darauf ab, den Mehrwert von Aufstellungsarbeit für die Mediation herauszuarbeiten. Für die daraus entstandene Kategorie „Erfolgsfaktoren der Aufstellungsarbeit und Mehrwert für die Mediation" wird erstmals auf bereits entwickelte Unterkategorien zurückgegriffen, da die Antworten auf diese Frage eindeutig mit bereits getätigten Aussagen zu einer der vorangestellten Frage übereinstimmen (s. Kapitel 4.1.4).

Im Blick auf die Erfolgsfaktoren von Aufstellungsarbeit und den Mehrwert für die Mediation führen die meisten Interviewpartner, mit Ausnahme von drei Personen die ein Argument nennen (B4, B7, B12), drei bis fünf Argumente an.

Als erfolgsversprechend befinden beispielsweise drei Personen (B1, B6, B7), in der Aufstellung die Möglichkeit mit diesem Verfahren die Medianden zu einem Perspektivwechsel anregen zu können, welcher für die Förderung des gegenseitigen Verständnisses von immenser Bedeutung ist. Eine dieser Personen (B1) gibt zudem an, mit Aufstellungsarbeit einen Veränderungsprozess auslösen zu können. Die Hälfte der Befragten (B2, B3, B5, B9, B10, B11) bezieht sich ebenfalls auf einen bereits genannten Aspekt, die Medianden mithilfe einer Aufstellung von der kognitiven Ebene distanzieren zu können und in eine emotionale und gefühlsgeleitete Form der Wahrnehmung zu führen oder dass der Rahmen den die Mediation bietet, nämlich über den Konflikt zu sprechen, den Prozess der Konfliktklärung nicht ausreichend voranbringt:

> „I: [...] *weg von der kognitiven Ebene hin zu einem visualisierten Gebilde, dass das noch mal einfach klarer wird und auf einer emotionalen Ebene vielleicht eher plötzlich erscheint, als dass man nur darüber redet?*
> B10: Richtig, ganz genau" (B10, Z. 201ff.).

Eine Person (B3) sieht diese Eigenschaft der Aufstellungsarbeit auch unabhängig von ihrem Einsatz in der Mediation als Erfolgsfaktor, da es ihrer Aussage nach wenig Worte braucht und gleichzeitig ein unmittelbares, spürbares Erleben fördert.

Eine sehr ähnliche Auffassung vertreten wiederum vier Befragte (B2, B3, B6, B8). Ihrer Meinung nach kann die Situation, in der der Konflikt ausgetragen wird, durch eine Aufstellung für das Auge sichtbar werden. In Anlehnung an die Sichtbarwerdung der Situation heben ebenfalls vier Befragte (B3, B5, B6, B8) hervor, mittels einer Aufstellung Systemzusammenhänge erlebbar machen zu können. Die Medianden durch eine Aufstellung in Aktion bringen zu können, hält nahezu die Hälfte der Befragten (B2, B6, B8, B10, B11) für sehr wertvoll. Eine dieser Personen sieht den Mehrwert eher in der Bewegung des Mediationsprozesses, der durch eine Aufstellung vereinfacht und in der Folge auch beschleunigt wird (B8). In Anlehnung an diese Aussage verweist diese Person darauf, dass es ein Mehrwert für die Mediation ist, den Prozess zu verkürzen und zu verdeutlichen. Dieser Aussage schließt sich eine weitere Person an (B12).

Ein zusätzlicher, der Aufstellungsarbeit immanenter Erfolgsfaktor und auch Mehrwert für die Mediation ist fünf Befragten (B2, B3 B6, B9, B11) zufolge die Visualisierung und räumliche Darstellung. Diese Komponente sieht eine Person als Hilfsmittel, um zusätzlich zu dem mediativen Gespräch Klarheit zu gewinnen:

> „B11: Es ist dann klar im Raum, wenn man es noch nicht aus den Gesprächen so erfasst hat, dann wird es spätestens dann ganz deutlich und es ist in beiden Fällen wertvoll" (B11, Z. 108ff.).

Vier Befragte (B1, B4, B5, B9) verweisen darüber hinaus auf den Mehrwert, durch Aufstellungsarbeit an neue Erkenntnisse und Lösungen zu gelangen. Die Lösungserarbeitung ist ohnehin ein fester Bestandteil in der Mediation, um einen Konflikt klären zu können. Mithilfe einer Aufstellung können für das System wirksame Lösungen auf eine andere Art und Weise gesucht werden, als durch ein reines Gespräch darüber. Dies bestätigt die Aussage in einer vorangegangenen Kategorie, in der eine ähnliche Begründung für den Einsatz von Aufstellungsformen in der vierten Mediationsphase der Problemlösung angegeben wird (s. Kapitel 4.1.6).

Für eine einzige Person (B2) ist Aufstellungsarbeit erfolgreich, weil sie in den Medianden nachwirkt und damit eine enorme Wirkung erzeugt. Diese nachhaltige Wirkung ist gerade deshalb wichtig, um die erarbeiteten Lösungen in den Köpfen der Betroffenen zu manifestieren. Für zwei andere Befragte (B1, B10) ist grundsätzlich der systemische Ansatz von Aufstellungsarbeit ein Erfolgsfaktor, neben der bereits gegebenen Begründung für den Einsatz (s. Kapitel 4.1.4). Mit einer Aufstellung wird eine Übersicht über die Dynamiken eines Konflikts und der am Konflikt beteiligten Parteien geschaffen (B10). B1 hält indes den systemischen Ansatz für einen Erfolgsfaktor, da sich das gesamte System durch die Veränderung eines einzelnen Mitglieds mit verändert (s. Kapitel 2.1.2).

Grundsätzlich lässt sich also hinsichtlich des Mehrwerts für die Mediation festhalten, dass Aufstellungsarbeit dazu führt, die Medianden von der kognitiven Betrachtungsebene zu lösen (6 Nennungen). Ein weiterer Mehrwert stellt die Möglichkeit dar, den Mediationsprozess mittels Aufstellungsarbeit in Bewegung zu bringen. Dabei stützt sich das Wort „Bewegung" zum einen darauf, den Prozess zu beschleunigen und zum anderen die Medianden in Bewegung zu versetzen (5 Nennungen). Ein Anliegen, beispielsweise einen Konflikt, mittels Aufstellungsarbeit visualisieren und räumlich darstellen zu können, wird indes von den meisten Befragten als Erfolgsfaktor genannt (5 Nennungen).

### 4.1.11 Herausforderungen bei der Kombination

Die vorangegangene Kategorie zeigt, dass alle Befragten in dem Einsatz von Aufstellungsarbeit in der Mediation einen Mehrwert sehen. Daneben sollen auch mögliche Herausforderungen, die bei der Kombination beider Verfahren bestehen können, aufgezeigt werden. Insgesamt geben die zwölf Interviewteilnehmer neun Aspekte an, die sie bei der Kombination von Mediation und Aufstellungsarbeit als herausfordernd empfinden. Mehr als die Hälfte der Befragten (7 Befragte) sieht mehr als eine Herausforderung bei der Kombination. Die Aussagen der Experten lassen sich in drei Muster einteilen; die einen nehmen Bezug auf Herausforderungen, die sie bei der Arbeit mit den Medianden sehen, andere wiederum gehen auf solche Herausforderungen ein, die für sie selbst bestehen und einige sehen generelle Herausforderungen für die allgemeine Anwenderschaft.

Die Hälfte der Befragten (B4, B5, B6, B7, B8, B12) erwähnt, dass eine Herausforderung sei, ein Gespür für den sinnvollen Einsatz von Aufstellungsarbeit in der Mediation zu entwickeln. Dabei gehen diese Personen (1) auf die Adaptionsmöglichkeiten für verschiedene Klientensysteme ein, (2) auf die Schwierigkeit, die geeignete Aufstellungsform zu wählen, ob diese wirklich in der jeweiligen Mediation nützlich ist und was das Ziel des Einsatzes dieser bestimmten Form eigentlich ist sowie (3) sich dem Wagnis zu stellen, Aufstellungsarbeit überhaupt in das Mediationsverfahren zu integrieren. Eine Person erklärt die Entwicklung eines Gespürs für den sinnvollen Einsatz sehr anschaulich:

> „B12: Die Herausforderung ist vielleicht sich nicht in die Aufstellung zu verlieben *(lacht)*. Also sie nicht überzubewerten und rechtzeitig auch wieder zurückzukehren in den Mediationsprozess" (B12, Z. 171ff.).

Eine ebenfalls mehrfach erwähnte Herausforderung (5 Nennungen) ist den jeweiligen Experten zufolge die Professionalisierung von Mediatoren. Unter Professionalisierung wird die Beherrschung der Aufstellungsmethode verstanden. Eine Person gibt in diesem Zusammenhang auch an, sich einen regen Austausch unter den Anwendern zu wünschen:

> „B7: Da ist auch eine gewisse Herausforderung für die Szene der Aufsteller oder Mediatoren/Aufsteller sich da auf eine einheitliche Sprache und Terminologie zu einigen" (B7, Z. 276ff.).

Im Blick auf die Professionalisierung sieht diese Person zudem die Notwendigkeit, die Forschungsarbeit auf dem Gebiet von Aufstellungsarbeit in der Mediation voranzubringen um den Zugang zu potenziellen Verfahrensweisen zu ermöglichen.

In Bezug auf die Herausforderungen für Mediatoren bemerken zwei Befragte (B2, B3) außerdem die Gefahr der Interpretation dessen, was in der Aufstellung geschieht. Sobald interpretiert wird, verliert die Person des Mediators bzw. Aufstellers seine allparteiliche, neutrale und externe Position und begibt sich in eine wertende Haltung (s. Kapitel 2.2.4 sowie 2.3.4). Dies würde sowohl den Prinzipien der Mediation als auch der Aufstellungsarbeit grundlegend widersprechen.

Diejenigen Experten, die Herausforderungen auf Seiten der Medianden ansprechen, halten es unter anderem für herausfordernd, die Konfliktparteien zu Veränderungsprozessen und Lösungen zu bewegen (3 Nennungen). Dabei bemerken die Vertreter dieser Auffassung, dass nicht jedes System den optimalen Lösungsweg für sich findet und an einem bestimmten Punkt stehen bleibt. Eine unter Zwang und Druck erzeugte Lösung kann in solchen Fällen nicht das Ziel sein. Diesen Aussagen entsprechend kann sich nicht jedes Klientensystem ohne weiteres auf eine Aufstellung in der Mediation einlassen und der Mediator bei entsprechenden Vorkommnissen mit dem arbeiten muss, was das System und seine Mitglieder zur Verfügung stellen. Eine andere Herausforderung sehen zwei Befragte (B2, B4) darin, den Medianden Vorbehalte gegenüber der Aufstellungsmethode zu nehmen. Diese Personen äußern sich dabei kritisch, Medianden könnten den Mediator für einen „abgehobenen Esoteriker" (B4, Z. 89) halten oder die Medianden fühlen sich in einer Aufstellung „psychologisch getestet" (B2, Z. 372). Mit derartigen Einstellungen könnte schließlich die eigentliche Mediatorenrolle in Frage gestellt werden, sobald eine Aufstellung vorgeschlagen wird. Diese Sorge bringt eine Person diesbezüglich wie folgt zum Ausdruck:

> „B4: Nur könnte sie unter Umständen, je nachdem wie es wahrgenommen wird – und da sind wir wieder beim Spüren wann passt es und wann passt es nicht – dazu führen, dass die andere Kompetenz infrage gestellt wird. Dass man auf einmal meint: „Was macht denn der jetzt für ein Zeug hier?"" (B4, Z. 239ff.).

Zu den bereits genannten Herausforderungen sprechen zwei Befragte jeweils eine weitere Herausforderung bei der Kombination von Aufstellungsarbeit und Mediation an. Für eine Person (B2) ist der sanfte Umgang mit Aufstellungsarbeit innerhalb der Mediation herausfordernd. Die Medianden dürfen mit der Methodik nicht zu sehr strapaziert oder gar überfordert werden. Dieselbe Person äußert weiterhin kritisch, dass es Fälle gibt, in denen die Medianden bei einer Aufstellung erst eine Reaktion ihrer Gegenseite abwarten, bis sie selbst in Aktion treten. Diese Haltung könnte das eigene Bild der Wahrnehmung eines Konflikts verfälschen. Überdies erachtet eine andere befragte Person (B6) die Art der Formulierung, mit der eine Aufstellung in die Mediation eingeführt wird um den Medianden eine klare Vorstellung davon zu geben, was auf sie zukommt, als herausfordernd.

Zwei Befragte (B10, B11) bemerken, überhaupt keine wirkliche Herausforderung bei der Kombination der Verfahren zu sehen, bevor sie doch eine Herausforderung nennen:

> „B11: Also ich sehe jetzt keine besondere Herausforderung in der Kombination von den beiden" (B11, Z. 200f.).

B11 sieht keine Herausforderung bei der Kombination in Bezug auf die eigene Arbeit, gibt danach jedoch zu bedenken, dass Mediatoren generell die nötige Erfahrung und Professionalisierung haben müssen, um mit den teils starken Gefühlen der Medianden umgehen zu können. B10 sieht indes den „Reiz" (B10, Z. 220) oder die Herausforderung darin, eine wirksame Lösung zu erarbeiten.

Jeder der zwölf interviewten Experten sieht mindestens eine Herausforderung bei der Kombination von Aufstellungsarbeit und Mediation. Wobei sich die Hälfte der Befragten einig ist, dass es herausfordernd sein kann, ein Gespür für den sinnvollen Einsatz zu entwickeln. Nahezu die Hälfte (5 Nennungen) sieht eine Herausforderung für die Anwenderschaft im Allgemeinen, die mit der nötigen Qualifizierung bzw. Professionalisierung von Mediatoren einhergeht.

### 4.1.12 Interkulturelle Verständigung/Konfliktlösung durch Aufstellungsarbeit in der Mediation

Zuletzt werden die Interviewpartner danach gefragt, wie Aufstellungsarbeit zu interkultureller Verständigung und Konfliktlösung in der Mediation beitragen kann. Die Stellungnahmen der Befragten lassen sich größtenteils auf einen Nenner bringen: Alle sehen in Aufstellungsarbeit ein großes Potenzial zur interkulturellen Konfliktlösung und Verständigung. Drei Befragte (B2, B3, B9) haben jedoch auch kritische Anmerkungen. Ihrer Ansicht nach sollte sehr sensibel mit Aufstellungsarbeit im interkulturellen Kontext umgegangen werden, da sie nicht per se für jede Kultur geeignet erscheint. Diese Personen sehen in der Entwicklung der Aufstellungsarbeit eine kulturspezifische Methode, für die möglicherweise nicht jede Kultur zwangsläufig offen ist. B2 berichtet beispielsweise von einer Aufstellung mit dem sozialen Atom (s. Kapitel 4.1.5 sowie 2.3.3), in der ein afrikanischer Teilnehmer die Steine sehr eng legte, was nach Meinung von B2 zu eng schien. Der Aufstellungsteilnehmer kommentierte diese Vermutung jedoch als „Nee eigentlich ist das noch enger" (B2, Z. 351f.). Dieser Vorfall bringt B2 zu der Annahme, dass Aufstellungsarbeit womöglich „ein sehr eurozentristisches oder moderne westliche Welt Denken […]" (B2, Z. 354f.) sei. B3 fasst die Argumentation allgemeiner und bemerkt:

> „B3: […] aber man kann es nicht mit allen Kulturen wagen. Also nicht alle lassen sich darauf ein. Manche fühlen sich bloßgestellt, da muss man vorsichtig sein" (B3, Z. 274ff.).

Auch B9 hat eher generelle Bedenken für bestimmte Kulturkreise, ohne ein konkretes Beispiel zu nennen, spricht jedoch mangels praktischer Erfahrung nur einen hypothetischen Gedanken aus:

> „B9: Also da habe ich jetzt keine persönlichen Erfahrungen damit. Da kann ich nur mutmaßen. Da wäre für mich eine wichtige Frage auch, sind in diesen Kulturen die beteiligt sind, ist da auch überhaupt eine Offenheit auch für Aufstellungsarbeit da" (B9, Z. 233ff.).

In einem Aspekt ist sich die Hälfte der Befragten (B1, B4, B6, B7, B10, B12) indes einig: Durch den Perspektivwechsel, den eine Aufstellung ermöglicht, kann das Verständnis für Handlungen und Verhaltensweisen anderer Kulturen wachsen und sich damit das Mitgefühl stärken. Auf den für die Mediation nützlichen Perspektivwechsel haben die Experten bereits in vorangegangenen Kategorien aufmerksam gemacht (s. Kapitel 4.1.4 sowie 4.1.10). Dabei geht es nicht um die Auflösung von Unterschieden, wie eine Person es hervorhebt (B12). Diese sollen mithilfe des Perspektivwechsels nur so transformiert werden, dass bestehende Unterschiede akzeptiert werden und nicht zwangsläufig zu Konflikten führen müssen. Eine Person geht sehr detailliert auf den positiven Effekt des Perspektivwechsels mithilfe einer Aufstellung ein:

> „B1: Wenn man mal in der Aufstellungsarbeit das erlebt hat, wie sich das anfühlt wenn man für ein anderes Land, für eine andere Kultur, für einen Menschen in einer anderen Kultur in einer Aufstellung gestanden hat, dann weiß man was für ein enormes Erlebnis das sein kann und wie sehr das das Mitgefühl und das Verständnis für andere Kulturen oder für spezielle Menschen aus anderen Kulturen fördern kann" (B1, Z. 417ff.).

Die von nahezu der Hälfte der Befragten (5 Nennungen) vertretene Meinung, dass Aufstellungsarbeit nicht auf sprachliche Verständigung fokussiert ist und somit auch ohne den Gebrauch vieler Worte zu einer interkulturellen Verständigung beitragen kann, stützt sich auf die besondere Eigenschaft von Aufstellungsarbeit als ein nonverbales Ausdrucksmittel. Dieser Vorzug leistet insofern bei interkulturellen Differenzen einen enormen Beitrag, als dass die verbale Verständigung allein aufgrund unterschiedlicher sprachlicher Hintergründe Konflikte wachsen oder gar erst entstehen lassen kann. Über körperliche Ausdrucksformen kann potenziellen Missverständnissen besser vorgebeugt oder nicht verbalisierbare Aspekte können überhaupt erst durch den Körper ausgedrückt und dargestellt werden, wie es die Vertreter dieser Auffassung erläutern.

Für den Einsatz in der Mediation spricht laut einer Person daher folgendes:

> „B11: […] man kommt an nicht verbalisierbare Aspekte dran, dann kann das sicherlich auch im interkulturellen Kontext wichtig sein wo man mit einer Sprache arbeitet die nicht die Muttersprache ist von den Konfliktparteien zum Beispiel" (B11, Z. 237ff.).

In dieser Aussage ist bereits ein weiteres Potenzial von Aufstellungsarbeit für die interkulturelle Konfliktlösung und Verständigung enthalten. Mit einer weiteren Person (B2) teilt B11 die Meinung, mit Aufstellungsarbeit sprachliche Barrieren überwinden zu können. Durch den nonverbalen Charakter von Aufstellungsarbeit können keine Ungleichgewichte bei der Verständigung entstehen und es kann keiner Partei ein Vorteil verschafft werden. Unterschiedliche sprachliche Niveaus werden in einer Aufstellung zu großen Teil nicht verstärkt sondern überwunden, damit ein Konflikt nicht weiter eskaliert. Die andere Person, die diese Meinung vertritt, stellt ihren Standpunkt wie folgt klar:

> „B2: Ich finde es gut, weil es von der Sprache weggeht, also Leute mit hoher sprachlicher Kompetenz keine Vorteile haben" (B2, Z. 344f.).

Die letzte Meinung einer Person zu der Frage, wie Aufstellungsarbeit zu interkultureller Verständigung und Konfliktlösung in der Mediation beitragen kann, bezieht sich auf das Potenzial, mithilfe von Aufstellungsarbeit Frieden schaffen zu können. Das Ziel einer Aufstellung ist die Verbesserung der Befindlichkeiten aller am Konflikt oder einem Problem beteiligten Personen. Eine Befriedigung von Bedürfnissen kann im Umkehrschluss eine friedliche Basis für die interkulturelle Verständigung schaffen.

Zusammenfassend kann für die Kategorie „Interkulturelle Verständigung/ Konfliktlösung durch Aufstellungsarbeit in der Mediation" festgehalten werden, dass der von den meisten Befragten (6 Nennungen) als besonders wertvoll erachtete Aspekt der Aufstellungsarbeit ist, durch den angeregten Perspektivwechsel Mitgefühl und Verständnis für fremde Kulturen wachsen zu lassen. Ein von etwas weniger Befragten (5 Nennungen) genannter Beitrag für die interkulturelle Konfliktlösung und Verständigung ist Aufstellungsarbeit als nonverbales Ausdrucksmittel.

Auf einen Aspekt sollte in dieser Kategorie abschließend gesondert eingegangen werden: Auf die Frage, wie Aufstellungsarbeit zu interkultureller Konfliktlösung und Verständigung beitragen kann, folgt in einigen Fällen die Rückfrage, von welcher Definition des Begriffs „Kultur" ausgegangen wird. Einige Interviewpartner fassen unter den Begriff „Kultur" nicht ausschließlich verschiedene Ethnien, Nationalitäten oder Völker. Ausgehend von einem komplexen Kulturbegriff können unterschiedliche Kulturen bereits in der Arbeitswelt herrschen. Eine Führungskraft kann eine andere Kultur ausleben als beispielsweise ein Angestellter. Im Organisationskontext wird darüber hinaus häufig von sog. Unternehmenskulturen gesprochen (s. Kapitel 2.2.5). Bereits hier besteht also die Gefahr, Missverständnisse aufgrund unterschiedlicher Arbeits- oder Lebensweisen zu erzeugen.

## 4.2 Interpretation und Diskussion der Ergebnisse

Im Rahmen der Interpretation der empirischen Ergebnisse erfolgt ein Vergleich mit der dargelegten Theorie als Bezugsrahmen dieser Studie (vgl. Mayring 2010: 13). Im Fokus der Interpretation und Diskussion der ausgewerteten Daten steht die Beantwortung der Hauptforschungsfrage: Wie kann Aufstellungsarbeit das Methodenrepertoire der Mediation unterstützen und ergänzen? Für die Interpretation und Diskussion der Ergebnisse werden die Unterfragen noch einmal aufgenommen, die mittels des Kategoriensystems im vorangegangenen Kapitel beantwortet wurden.

(1) **Ansätze bzw. Richtungen der Mediation:** Im Blick auf die vertretenen Ansätze bzw. Richtungen der Mediation zeichnet sich ab, dass eine eindeutige

Mehrheit der interviewten Experten die klassischen Mediationsansätze vertritt (s. Kapitel 2.2.1).

Die Wahl des Ansatzes wird einigen Experten zufolge je nach Bedürfnissen und Wünschen der Medianden situativ getroffen. Dieser Aspekt legt nahe, dass die Befragten die von ihnen praktizierte Mediation in kein festes Schema fassen, sondern das Verfahren kontextgerecht und flexibel an die Gegebenheiten anpassen. Dies lässt darauf schließen, dass die befragten Experten offen für neue Entwicklungen und Möglichkeiten sind, um einen optimalen Konfliktklärungsprozess zu schaffen. Aus dieser Interpretation besteht Anlass zu der Vermutung, dass so auch die Neugier dafür erwachsen sein könnte, Aufstellungsarbeit in die Mediation zu integrieren. Aufgrund der verschiedenen Richtungen bzw. Ansätze, die die Mediatoren vertreten, wird deutlich, dass Aufstellungsarbeit sich für eine Vielzahl an Mediationsansätzen eignet. So kann, nach Angaben der Befragten, Aufstellungsarbeit sowohl in den Kontext einer lösungsorientiert, transformativ, systemisch oder integrativ ausgerichteten Mediation eingebettet werden (s. Kapitel 4.1.1). Damit ist die Basis für den Einsatz von Aufstellungsarbeit in der Mediation geschaffen, da sie sich in die unterschiedlichsten Ansätze integrieren und sich mit den jeweiligen Grundprinzipien dieser Ansätze vereinbaren lässt.

(2) **Mediationsmethoden:** Auch hier zeigen die Aussagen der Interviewpartner sehr deutlich, dass die Experten über ein ausgeprägtes und vielseitiges Methodenrepertoire für die Mediation verfügen. Einige Befragte geben auch hier an, sich individuell an die Gegebenheiten anzupassen und die Wahl des angemessenen methodischen Werkzeugs an die Kundenbedingungen zu knüpfen. Nahezu alle Interviewpartner nennen die gängigen Basismethoden der Mediation (vgl. dazu Besemer 1995; Dulabaum 2001; Mayer 2008). Bei den Antworten wird angenommen, dass die befragten Experten nur eine Auswahl ihres Methodenspektrums darlegen und die genannten Methoden demnach exemplarisch für weitere verwendete Basismethoden stehen. Über die erwähnten Basismethoden hinaus bedienen einige Befragte sich zusätzlich visualisierender Techniken wie dem Bilder malen und erweitern ihr methodisches Werkzeug damit um eine weitere Komponente. Dies wird den Fähigkeiten und Ausgangsbedingungen der Medianden gerecht, die mit sehr unterschiedlichen Kompetenzen in eine Mediation hereintreten.

Mehr als die Hälfte der Befragten sieht darüber hinaus ihre Arbeit mit Aufstellungen als eine Methode bzw. ein Werkzeug der Mediation, welches sie im gleichen Zuge mit den Basismethoden der Mediation aufzählen. Dieser Aspekt deutet darauf hin, dass Aufstellungsarbeit zumindest bei diesen

Personen ein fester Bestandteil des Methodenrepertoires der Mediation ist, als methodisches Werkzeug zur Konfliktklärung beiträgt und damit eine sinnvolle Ergänzung zu den üblichen, in der Literatur vorgestellten Mediationsmethoden darstellt (s. Kapitel 2.2.2).

(3) **Mediationsfälle:** Alle zwölf Interviewpartner arbeiten in den klassischen Einsatz- und Anwendungsfeldern der Mediation (s. Kapitel 2.2.5), wobei Mediation im wirtschaftlichen Bereich dominiert. Diejenigen Experten, die ein geisteswissenschaftliches Studium absolviert haben, arbeiten mit Ausnahme einer Person zudem in dem Bereich der Familienmediation. Jedoch konstituiert sich keiner der Befragten mit einem (Sozial)Pädagogikstudium in der durchaus naheliegenden Schulmediation. Vor dem Hintergrund, dass die Mehrheit der Interviewpartner in verschiedenen Mediationsfeldern tätig ist, kann auch hier auf einen fundierten Erfahrungsschatz mit den unterschiedlichsten Klientensystemen geschlossen werden. Darüber hinaus kann in Anbetracht der verschiedenen Mediationsfälle gefolgert werden, dass Aufstellungsarbeit in der Mediation vielseitig einsetzbar ist und sich für zahlreiche Gebiete als geeignet erweist, sei es im wirtschaftlichen, familiären, schulischen, politischen, öffentlichen oder gar interkulturellen Mediationskontext (s. Kapitel 2.2.5 sowie 2.2.6). Basierend auf dem bisherigen Stand der wissenschaftlichen und theoretischen Auseinandersetzung mit Aufstellungsarbeit, mit Ausnahme der Zweige Wirtschaft und Familie (vgl. dazu Hellinger 2010; Ruppert 2003; Sparrer 2002; Weber 2000, 2010; Weber et al. 2005), gibt es weiteren Forschungsbedarf zu den Einsatzmöglichkeiten im Schulwesen, im öffentlichen Sektor, im politischen oder aber interkulturellen Kontext. Für die Mediation haben diese Bereiche sich hingegen als klassische Anwendungsfelder erwiesen, die sich in den Grundlagenwerken zu Mediation wiederfinden (vgl. Ballreich/Glasl 2007; Besemer 1995; Haft/Schlieffen 2002; Mayer 2008; von Alm/Knapp 2008).

Die Verbreitung von Aufstellungsarbeit im familiären und wirtschaftlichen Kontext ist der Arbeit bedeutender Wegbereiter zu verdanken. Ungeachtet der kontroversen Meinungen gelang es Bert Hellinger, das Format der Familienaufstellungen als traditionelle Aufstellungsart in Deutschland und auch international zu etablieren (vgl. Mayer 2015a). Aufstellungsarbeit im wirtschaftlichen Bereich wurde insbesondere durch die Arbeit Gunthard Webers, Hellingers Schüler, verbreitet. Inzwischen sind Organisationsaufstellungen ebenso ein etablierter Bestandteil der Aufstellungspraxis wie das Familienstellen (vgl. Gleich 2008; Ruppert 2003; Weber 2000, s. auch Kapitel 2.3.2.2). Insofern ist der Einsatz von Aufstellungsarbeit in der Wirtschafts- sowie Familienmediation ein durchaus naheliegendes Werkzeug, in anderen Kontexten unterliegt der Einsatz bislang weitestgehend den persönlichen und individuellen Präferenzen der Anwenderschaft. Diese Annahme wird ausgehend von der langjährigen Berufspraxis der Befragten als Anhaltspunkt dafür genommen, dass sich ein Gespür für die Einsatzmöglichkeiten in unterschiedlichen Mediationsgebieten entwickelt.

(4) **Gründe für den Einsatz von Aufstellungsarbeit in der Mediation:** In dieser Kategorie ist es nur bedingt möglich, die Aussagen der Interviewpartner in einen theoretischen Bezugsrahmen einzuordnen. In den eingangs vorgestellten Werken (s. Kapitel 1.2) wird der Nutzen von Aufstellungsarbeit im Rahmen von Konfliktmanagement zwar bereits diskutiert, die Angaben zu den Gründen für den Einsatz im Konfliktmanagement werden jedoch auf die individuellen Ansichten der Autoren zurückgeführt. Gleiches gilt für die Aussagen der in dieser Studie befragten Experten.

Die von einigen Befragten als wichtig erachtete Möglichkeit, die Medianden in einer Aufstellung zum Perspektivwechsel anregen zu können, geschieht durch das Hineintreten in die Position eines anderen Systemmitglieds, die sich aus der räumlichen Anordnung der Systemmitglieder ergibt (s. Kapitel 2.3). Bereits die Mediation behilft sich mittels Rollenspielen oder dem Platztausch mit aktionsgeleiteten Methoden zu einem Perspektivwechsel (s. Kapitel 2.2.2). Das Einnehmen einer anderen Perspektive in Bezug auf den Konflikt zielt dabei, der theoretischen Auslegung zufolge, darauf ab, die Position(en) der Gegenseite(n) zu verdeutlichen und somit das gegenseitige Verständnis zu fördern, indem die eigene Sicht auf den Konflikt relativiert wird (vgl. Ballreich/Glasl 2007; Besemer 1995; Dulabaum 2001). Aufstellungen sind gerade deshalb ein beliebtes Verfahren, da sie den Betroffenen eines Konflikts die Möglichkeit bieten, das System aus einem anderen Blickwinkel zu betrachten. Die beschriebene räumliche Anordnung der systemrelevanten Elemente wiederum kreiert ein Abbild der Beziehungskonstellationen. Das Bild einer Aufstellung kann nicht nur mit dem Körper als Wahrnehmungsorgan gespürt, sondern auch gesehen werden. Die Visualisierung des Zustandes, in dem sich ein System befindet, überwindet die Notwendigkeit, sich nur verbal auszutauschen und kann zur Verdeutlichung der Situation beitragen. Aus diesem Aspekt ergibt sich ein weiterer Nutzen für die Mediation: Das Loslösen von der kognitiven Ebene. Mediation ist in ihrem Grundsatz auf einen Dialog zwischen den Medianden ausgelegt. Mittels Aufstellungsarbeit, so bestätigen es einige Befragte, wird zusätzlich die körperliche, nonverbale Sphäre des Menschen aktiviert. Die Medianden können sich infolge dessen mehr als nur mental mit ihrem Konflikt befassen und ihren Bedürfnissen sowie Gefühlen auf eine andere Art und Weise Ausdruck verleihen. So können auch schwer verbalisierbare Aspekte herausgearbeitet werden. Andere Befragte begründen den Einsatz von Aufstellungsarbeit in der Mediation damit, durch Aufstellungsarbeit einen Veränderungsprozess einleiten zu können. Eine Veränderung findet bereits dann statt, sobald die Konfliktparteien die Aufforderung erhalten den Konflikt einmal in einem dreidimensionalen Raum darzustellen und ihn nicht nur zu beschreiben. Sich von seinem Platz zu erheben und zu bewegen kann bei vielen Medianden bereits eine Veränderung der Wahrnehmung herbeiführen um das Gesagte in einem körperlichen Ausdruck zu festigen. Ein daran anknüpfender Grund auf den eine befragte Person gesondert eingeht, ist die schnelle und einfache Anwendung. Die Diskussion über einen Konflikt kann sich durchaus über mehrere Mediationssitzungen erstrecken und den Konfliktparteien viel mentale Kraft abverlangen. Die Positionierung der Systemelemente erfolgt dagegen zügig und ohne Worte (vgl. Ruppert 2003). Die wortlose Aufstellung verhindert gleichzeitig, dass das Verhalten von anderen kommentiert oder kränkende Äußerungen getroffen werden können. Somit kann weiterem Zündstoff für den Konflikt gut entgegengesetzt werden. Eine weitere Eigenschaft von Aufstellungsarbeit ist ihre systemische Ausrichtung. Die Grundhaltung, mit der eine Aufstellung praktiziert wird, leitet sich aus dem systemischen Grundgedanken ab, dass alle in Bezug auf einen Konflikt oder ein anderes Anliegen relevanten Personen gleichberechtigt einbezogen werden und sich erst durch die Verbesserung der Befindlichkeiten aller ein Lösungsweg zeigt (s. Kapitel 2.1.2). In diesem Sinne lässt sich zum einen das der Mediation zugrunde liegende Prinzip der Allparteilichkeit bestmöglich umsetzen und zum anderen das Win-Win-Prinzip, das entgegen einer Kompromisslösung eine Konsensfindung fokussiert (vgl. Besemer 1995; Kracht 2002; Mayer 2008, s. auch Kapitel 2.2).

Den angegebenen Gründen zufolge sind die befragten Experten sich der Wirkung und den Potenzialen von Aufstellungsarbeit in der Mediation also durchaus bewusst und setzen dies wirkungsvoll für ihre eigene Beratungspraxis um.

(5) **Aufstellungsformen in der Mediation:** In der Theorie erfolgt eine Differenzierung von Aufstellungsarbeit in eine Richtung, die die wohl bekannteste Variante der Arbeit mit menschlichen Repräsentanten (s. Kapitel 2.3) skizziert und zusätzlich optionale Verfahrensweisen aufzeigt. Bei der Darlegung der theoretischen Konzeptionen von Aufstellungsarbeit muss angemerkt werden, dass sich bewusst auf diejenigen Formen reduziert wird,

die von den Interviewpartnern explizit genannt werden (s. Kapitel 2.3.3). Dies ist eine logische Konsequenz aus der Vielzahl an existierenden Aufstellungsformen. Allein aus den Systemischen Strukturaufstellungen nach Varga von Kibéd und Sparrer (2005) lassen sich über 50 Unterformen ableiten (s. Kapitel 2.3.2.1), so dass die lückenlose Erfassung aller bislang entwickelten Aufstellungsformen den Rahmen dieser Studie um ein Vielfaches übersteigen würde und dessen ungeachtet auch nicht zielführend wäre.

Ein überraschendes Ergebnis ist das Ausbleiben von menschlichen Repräsentanten. Diese Form wird von keinem Interviewpartner in der Mediation praktiziert. Dies könnte damit begründet werden, dass es für eine Mediation sehr aufwendig ist, systemfremde Personen mit einzubinden oder diese gar erst zu akquirieren. Bei einer Aufstellung mit systemfremden Repräsentanten muss zudem bedacht werden, dass diese Form in der Regel in offenen Aufstellungsseminaren ausgeübt wird, in denen eine Einzelberatung in einer anonymen Gruppe stattfindet (vgl. diese Ausübung u.a. bei Hellinger 2010; Varga von Kibéd/Sparrer 2005; Weber 2000). Die Teilnehmer eines offenen Aufstellungsseminars fungieren in einem solchen Setting als unvoreingenommene Repräsentanten (vgl. Rosselet/Sachs-Schaffer 2005–2010). Diese Bedingungen sind im Regelfall in der Mediation nicht praktikabel, um eine Annäherung der Konfliktparteien zu ermöglichen und eine konstruktive Gesprächsbasis herzustellen, da nicht alle Konfliktbeteiligten an der Aufstellung teilnehmen würden. Dieser Faktor kann auf das Setting einer Mediation übertragen werden. Mediationen finden in einem geschlossenen vertraulichen Raum statt, zu dem ausschließlich die von dem Konflikt Betroffenen und der Mediator Einzug erhalten. Insbesondere die Arbeit mit Teams oder Familien würde den Einsatz von Aufstellungsarbeit mit fremden Stellvertretern unter diesem Aspekt vor Schwierigkeiten stellen. Die Konsequenz daraus ist, dass mit den Medianden selbst die Aufstellung durchgeführt wird, sofern keine nicht personalen Repräsentationsmedien eingesetzt werden.[14] Damit bleibt das in der Aufstellungslandschaft nach wie vor gleichermaßen für Verwunderung und Begeisterung sorgende Phänomen der sog. repräsentierenden Wahrnehmung aus, das die Anwender der Methode noch heute vor ein Rätsel stellt. In ihrer Definition ist diese

---

14 Ein Beispiel für die Eignung der Aufstellung mit den Klienten selbst lässt sich in den Anwendungen bei Horn und Brick (2003) nachweisen, die einen Beratungsfall einer teaminternen Organisationsaufstellung anführen, in dem die Klienten sich selbst aufstellen. Einen weiteren Praxisfall bieten Weckert et al. (2011) mit einer räumlichen Aufstellung innerhalb einer Teammediation.

Erscheinung deshalb ein Phänomen, da sich systemfremde, unwissende Personen nur durch das Hineinstellen in eine Position in die Persönlichkeit der repräsentierten Person hineinversetzen können (vgl. Varga von Kibéd/Sparrer 2005). Dies schwächt jedoch nicht die Wirkung anderer Aufstellungsformen, wie bereits in der vorangegangenen Kategorie aufgezeigt wurde, da die befragten Mediatoren mit den von ihnen verwendeten Aufstellungsformen ebenso einen Perspektivwechsel einleiten können. Dennoch kann dieser Effekt nicht bei der von vielen der Interviewpartner beschriebenen Form eintreten, bei der die Medianden ihre eigene Rolle im System verkörpern. Sie verfügen unausweichlich über systeminterne Informationen, da sie ein Teil dessen sind. Auch das Einnehmen einer anderen Position kann nicht das der eigentlichen Definition folgende Phänomen der repräsentierenden Wahrnehmung auslösen, da sich die Konfliktbetroffenen kennen.

Sofern nicht mit den Medianden selbst aufgestellt wird, verwenden nahezu alle Befragten nicht personale Repräsentationsmedien. Der Kreativität ist aufgrund der Bandbreite an möglichen Gegenständen mit denen ein System aufgestellt wird keine Grenze gesetzt. Die Verwendung von Gegenständen, um ein System abzubilden und aufzustellen, ist eine etablierte Form der Aufstellung, die auch von führenden Aufstellern angeführt wird, hier jedoch im Kontext von Einzelsitzungen, in denen nicht ausreichend menschliche Repräsentanten zur Verfügung stehen (vgl. Sparrer 2002; von Schlippe/Schweitzer 1998; Weber 2000). Je weniger Konfliktparteien anwesend sind, desto häufiger wird auch auf Figuren und andere nicht personale Repräsentationsmedien zurückgegriffen. Die darüber hinaus genannten Aufstellungsformen stellen in ihrem theoretischen Bezugsrahmen die historischen und methodischen Grundlagen bzw. Wurzeln der Aufstellungsarbeit dar (s. Kapitel 2.3.1). Die genannten Formen gehen auf Jacob L. Morenos und Virginia Satirs Pionierarbeit zurück (vgl. Moreno 1974; Satir/Baldwin 1988). Da Morenos und Satirs Formen sich für die Arbeit mit den realen Systemmitgliedern eignen, erweisen diese Formen sich dementsprechend als gut adaptierbar für die Mediation. Dies unterstreicht das Ergebnis, dass die zwölf Interviewpartner nicht mit unbeteiligten Repräsentanten arbeiten. Die Verfahren nach Moreno und Satir eignen sich darüber hinaus besonders für den Einsatz in Teammediationen bzw. einem Gruppensetting. Eine Eigenschaft, die alle Formen vereint, ist zudem der systemische Blick auf die Struktur eines Konflikts. Perspektivisch können so beispielsweise für die Methode des Einzelgesprächs (s. Kapitel 2.2.2) in der Mediation nicht personale Repräsentationsmedien den Vermittlungsprozess unterstützen und ergänzen. Für die Paarmediation bieten sich Anknüpfungspunkte mithilfe des sozialen Atoms oder ebenfalls nicht personaler Repräsentationsmedien, beispielsweise eine Aufstellung mit Figuren oder Bodenankern. Ein Gruppensetting erhält Unterstützung und Ergänzung durch teamorientierte Aufstellungsformen, wie der Timeline Methode, Skalenfragen, der Soziometrie, der Skulpturaufstellung oder einer Sternpositionierung (s. Kapitel 2.3.3). Dass zehn der zwölf Interviewpartner mehr als eine Aufstellungsform verwenden, lässt darauf schließen, dass es nicht nur eine geeignete Form für die Mediation gibt, sondern diverse Aufstellungsformen, die einen Mediationsprozess bereichern können.

(6) **Einsatz und Begründung der Aufstellungsformen in den Mediationsphasen:** Bei der anschließenden Frage in welche Phasen der Mediation die Befragten ihre Aufstellungsformen einbetten, kann herausgearbeitet werden, wie sich der Einsatz von Aufstellungsarbeit in einen Mediationsprozess konkret gestaltet. Auf Grundlage der gegebenen Antworten kann hierbei keine allgemeingültige Richtung erkannt werden. Die Befragten geben, ausgehend von dem klassischen Fünf-Phasen-Modell der Mediation, insgesamt vier Phasen an, in denen sie ihre Aufstellungsformen implementieren und zusätzlich die Vorphase, die noch keine eigentliche Mediationsphase im engeren Sinne darstellt (s. Kapitel 2.2.3). Damit wird die Erkenntnis erlangt, dass der Einsatz von Aufstellungsarbeit sich prinzipiell in der überwiegenden Mehrheit der Mediationsphasen (Vorphase bis Phase 4) adaptieren lässt und den gesamten Konfliktklärungsprozess über ein unterstützendes und ergänzendes Methodenwerkzeug darstellt.

Die Begründungen für den Einsatz in den genannten Phasen lassen abermals die Vermutung zu, dass die Verfahrensweise stark auf individuelle Präferenzen und Erfahrungswerte zurückzuführen ist. Vor allem kann hier noch einmal der Aspekt aufgegriffen werden, dass mittels Aufstellungsarbeit die körperliche Ausdrucksform aktiviert wird, während die gängigen Mediationsmethoden den Dialog anregen und sich auf die kognitiven Fähigkeiten der Medianden fokussieren.

In der Vorphase der Mediation kann das teils im Einzelsetting geführte Vorgespräch beispielsweise durch den Einsatz einer Aufstellung mit Figuren dem Mediator einen ersten Überblick über das System verschaffen. In der ersten Mediationsphase, der Einleitung, dient eine Aufstellung u.a. der Sammlung wichtiger Themen für die Mediation oder aber zum Kennenlernen der Medianden. In der zweiten Mediationsphase, in der die Medianden ihre Sichtweisen darstellen, können die Gemeinsamkeiten und Unterschiede hinsichtlich der vertretenen Standpunkte in einer Aufstellung in kurzer

Zeit prägnant herausgearbeitet werden. Hierfür könnten sich beispielsweise eine Sternpositionierung, die Timeline Methode oder aber Skalenfragen, die das Meinungsbild einer Gruppe abbilden, als geeignet erweisen. Um die jeweiligen Sichtweisen auf die konfliktbedingten strapazierten Beziehungsverhältnisse zu ergründen, kann mit dem sozialen Atom oder einer Soziometrie gearbeitet werden. In der Phase der Konflikterhellung und Vertiefung (Phase 3) fördert Aufstellungsarbeit zusätzlich den Ausdruck verborgener Interessen und das gegenseitige Verständnis. Die hinter den Standpunkten liegenden Gefühle, Interessen, Bedürfnisse und Motive, nachdem diese ausgesprochen werden, noch einmal in eine nonverbale Ausdrucksform zu transformieren, kann etwa mithilfe einer Skulptur umgesetzt werden. Das gegenseitige Verständnis der Konfliktparteien zu fördern kann, zusätzlich zu bestimmten Fragetechniken wie zirkulären oder systemischen Fragen, durch das Hineintreten in eine andere Position bewirkt werden. Der dadurch evozierte Perspektivwechsel schafft andere oder gar neue Sichtweisen auf einen Konflikt und bewirkt die Relativierung der eigenen Haltung. Ein weiterer Nutzen von Aufstellungsarbeit ergibt sich für die Phase der Problemlösung bzw. des Entwurfs konkreter Lösungen. Ausgehend von den bewährten Mediationsmethoden in Phase 4, zum Beispiel der Technik des Brainstormings, generiert Aufstellungsarbeit einen anderen Blick auf umsetzungsfähige und wirksame Lösungen.

(7) **Faktoren für den Einsatz von Aufstellungsarbeit:** Nachdem die Interviewpartner nach den Formen und dem Einsatz dieser in den Mediationsphasen befragt wurden, soll die Frage, bei welchen Konfliktarten sich besonders gut und bei welchen sich nicht mit Aufstellungen arbeiten lässt, darauf abzielen, die Reichweiten von Aufstellungsarbeit in der Mediation herauszuarbeiten. Aufgrund der partiell divergierenden Aussagen der Interviewpartner wird angenommen, dass die Überlegung, wann Aufstellungsarbeit in der Mediation sinnvoll ist und wann nicht, in großem Maße von der persönlichen Einstellung sowie den langjährigen Erfahrungswerten abhängt und sich daher nur vereinzelt auf einen gemeinsamen Nenner bringen lässt. Die Bereitschaft der Medianden für die Aufstellungsmethode und Lösungsfindung wird von den Befragten, die dies nennen, für entscheidend gehalten. Dieser Faktor wird auch in der Literatur als Leitregel angegeben. Hier wird darauf hingewiesen, dass Abwehrreaktionen einen Lösungsprozess erheblich beeinträchtigen (vgl. Ruppert 2003). Eine freiwillige Teilnahme sollte also unbedingt die Voraussetzung für den Einsatz sein. Eine unfreiwillige Partizipation kann zu verzehrten Bildern führen und dem konstruktiven Lösungsprozess im Weg stehen. Das Prinzip der

Freiwilligkeit fügt sich folglich in den Grundwert der Mediation, die ebenfalls auf einer freiwilligen Teilnahme basiert (s. Kapitel 2.2). Anknüpfend an die nötige Bereitschaft zur Teilnahme an einer Aufstellung wird von einigen Befragten hinzugefügt, dass der Grad der Emotionalität mit der Bereitwilligkeit in Relation steht. Je emotionaler die Medianden demnach in Bezug auf den Konflikt involviert sind, desto eher besteht die Bereitschaft, sich auf eine Aufstellung einzulassen, die emotional sehr tiefgreifend sein kann. Der Nutzen, der für die Mediation damit entsteht, verborgene oder unterdrückte Gefühle und Bedürfnisse zu Tage zu fördern, kann im Umkehrschluss auch Hemmungen hervorrufen. Hierbei kann argumentiert werden, dass in Familiensystemen ohnehin eine offen ausgelebte emotionale Bindung zwischen den Mitgliedern herrscht, die auf Liebe, Vertrauen und Zuneigung aufbaut und sich durch diese Bezugsgrößen selbst erhält. In Arbeitsbeziehungssystemen hingegen basiert der gemeinsame Bezugsrahmen auf vertraglichen Arrangements. Arbeitsbeziehungen sind im Grunde Zweckgemeinschaften, die mit anderen Bezugsgrößen korrelieren (s. Kapitel 2.1.2). Emotionalität hat somit einen untergeordneten Stellenwert. Andererseits zeigt die stetig wachsende Popularität von Organisationsaufstellungen einen anderen Trend (s. Kapitel 2.3.2.2). Die Ansicht, mit Aufstellungsarbeit besser in Familiensystemen arbeiten zu können, vertreten auch nicht alle Befragten gleichermaßen. Einige Befragte sind der Auffassung, dass Aufstellungsarbeit bei Teamkonflikten hilfreich sei. Da sich im Verlauf der letzten Jahre immer mehr Anwendungsbereiche zu der traditionellen Form der Familienaufstellung herausgebildet haben, erscheinen beide Standpunkte plausibel.

Die Ergebnisse für die Kategorie „Faktoren für den Einsatz von Aufstellungsarbeit" zeigen ferner, dass sich die Entscheidung des Einsatzes von Aufstellungsarbeit in der Mediation nicht ausschließlich aufgrund der Art eines Konflikts treffen lässt. So treffen einige Befragte ihre Entscheidung über den Einsatz in Abhängigkeit zu dem vorherrschenden Eskalationsgrad des Konflikts. Die akzeptable Grenze liegt im Übergang zwischen der vierten und fünften Eskalationsstufe (s. Kapitel 2.1.1). Die Eskalationsniveaus gehen zurück auf Friedrich Glasl (1999). Dieser postuliert insgesamt neun Eskalationsstufen, die ein Konflikt maximal erreichen kann. Die vierte Eskalationsstufe, in der eine Aufstellung den Experten zufolge noch denkbar ist, ist die der *Images und Koalitionen*. Ein Konflikt auf diesem Niveau verhärtet die gegenseitigen Feindbilder durch stereotypes und klischeebehaftetes Denken. Die zunehmend negative Einstellung zu der oder den Gegenposition(en) wird durch die Anwerbung von Gleichgesinnten verbreitet. Dass sich auf dieser Stufe der Konflikteskalation noch eine Aufstellung durchführen lässt, ist durchaus plausibel. Die hervorgebrachten Gründe für den Einsatz von Aufstellungsarbeit in der Mediation unterstreichen dies (s. Kapitel 4.1.4). Der vielfach angemerkte Perspektivwechsel kann durch das Einfühlen in eine andere Position die Transformation des eigenen Standpunktes veranlassen. Weitere Gründe, die auch für den Einsatz in den Mediationsphasen oder aber als Mehrwert benannt werden, sind die Förderung des gegenseitigen Verständnisses durch eine Annäherung auf einer emotional nachempfundenen Ebene. Stereotype und Klischees können anhand dieser Faktoren innerhalb einer Aufstellung hinterfragt und aufgelöst werden. Auch die Bildung vermeintlicher Koalitionen wird durch eine Aufstellung wahrheitsgemäß ausgedrückt. In einigen Fällen kann sich herausstellen, dass die Positionen gar nicht so starr sind wie es anfangs scheint. Geeignete Aufstellungsformen können beispielsweise Skalenfragen oder eine Sternpositionierung sein, um Neigungstendenzen herauszuarbeiten. Doch auch die übrigen genannten Aufstellungsformen können der Abbildung vermeintlicher Koalitionen dienen, da die Anordnung der Systemelemente grundsätzlich dem Prinzip der Nähe und Distanz der Beziehungsstrukturen folgt (s. Kapitel 2.3).

Auf der fünften Eskalationsstufe erleiden die Konfliktaustragenden einen *Gesichtsverlust*. Die Konfliktaustragung wird zunehmend kränkend und schädigend. Die öffentlich ausgetragenen gegenseitigen Vorwürfe werden in moralisch verwerfliche Argumente überführt. Die Aussage einer Person, in Fällen von Diskriminierung und Ausschluss von Systemmitgliedern nicht mit Aufstellungen zu arbeiten, trifft auf den fünften Eskalationsgrad zu. Die Polarisierung der Standpunkte kann zu Ausschluss und Isolation führen. Vor dem Hintergrund, dass das Voranschreiten eines Eskalationsniveaus mit der zunehmend geminderten bis hin zur völlig unterbundenen Kommunikation zwischen den Betroffenen einhergeht, wird das Argument, ab einem Eskalationsgrad auf der Stufe fünf Aufstellungsarbeit für impraktikabel zu halten, gefestigt. Hier ist die geeignetere Variante den Interviewpartnern zufolge, den Kontakt und die ersten Versuche einer Annäherung mit den klassischen Methoden für ein mediatives Verfahren herzustellen, das die Konfliktparteien erst wieder in die Richtung eines konstruktiv und fair geführten Gesprächs leitet.

(8) **Rollenwechsel des Mediators:** Die Ergebnisse der Kategorie „Rollenwechsel des Mediators" beantworten die Frage, wie die befragten Experten den Wechsel zwischen den Rollen des Mediators und Aufstellungsleiters in sich als Person und in ihrer Arbeit vereinen. In dieser Kategorie zeichnet sich ein eindeutiger Trend ab: Keiner der Befragten empfindet die Leitung einer

Mediation und die Leitung einer Aufstellung als massiven Wechsel der Rolle. Bedeutsamer ist für einige, ihre Rolle im Übergang zur Anleitung einer Aufstellung gegenüber den Medianden anzumerken. In der einleitenden Mediationsphase obliegt es dem Mediator bereits, seine Rolle zu erläutern (s. Kapitel 2.2.3). Demnach ist es eine logische Konsequenz, die Übernahme der Rolle des Aufstellungsleiters ebenfalls anzumerken. Die geringe Wahrnehmung eines Rollenwechsels erweist sich, in den theoretischen Bezugsrahmen eingeordnet, als wenig überraschend. So trifft auf beide Verfahren zu, dass die Rolle des Mediators sowie des Aufstellungsleiters sich in der Expertenfunktion für die methodische Ausführung manifestiert, nicht hingegen als Experte für den Inhalt, den es zu bearbeiten gilt. Ein Mediator bzw. Aufstellungsleiter leitet und begleitet den Prozess mit seinem verfügbaren Werkzeug, interveniert jedoch nicht in das Geschehen, um es in eine für ihn annehmbare Richtung zu lenken. Eigene Vorstellungen, Wertungen und Präferenzen werden nicht in den Beratungsprozess eingebracht. Die daraus resultierende Grundhaltung, die Verantwortung für die Lösungsfindung bei den Konfliktparteien zu belassen und den Rahmen für eine vertrauliche Konfliktklärung bereitzustellen, ist ebenso beiden Verfahren immanent. Die Allparteilichkeit und Neutralität ist zudem eine Grundhaltung, die sowohl ein Mediations- als auch Aufstellungsleiter zu erfüllen hat. Die vertrauliche Behandlung der Inhalte, die in einer Mediation oder einer Aufstellung thematisiert werden, vervollständigt die übereinstimmende Haltung (s. Kapitel 2.2.4 sowie 2.3.4).

Womöglich nehmen einige Befragte auch deshalb keinen Rollenwechsel wahr, da sie keine abgeschlossene Aufstellungsausbildung absolviert haben und somit Aufstellungsarbeit zwar als ein Werkzeug anwenden, sich aber zu jedem Zeitpunkt mit ihrer Hauptfunktion des Mediators identifizieren. Gerade deshalb, weil es scheinbar keinen oder nur einen geringen Wechsel der Rollen gibt, kann Aufstellungsarbeit als optionales Methodenwerkzeug in das bestehende Repertoire eines Mediators aufgenommen werden.

(9) **Erfolgsfaktoren der Mediation:** Die Frage, welche Faktoren die Arbeit mit Mediation erfolgreich gestalten, verschafft einen weiteren Einblick in die Ausübungspraxis der interviewten Experten. Hier gehen die Befragten auf die Grundwerte und -prinzipien der Mediation ein. Die einleitenden Worte, mit denen das Verfahren Mediation in den Fachbänden definiert wird, decken sich mit den Aussagen der für diese Erhebung befragten Mediatoren (vgl. Besemer 1995; Dulabaum 2001; Kracht 2002; Mayer 2008). Daraus resultiert, dass die Interviewpartner allesamt über ein fundiertes Wissen bezüglich der Grundprinzipien und Merkmale von Mediation

verfügen. Greift man die Werte und Haltungsmerkmale eines Mediators und Aufstellungsleiters noch einmal für diese Kategorie auf, so stellt sich heraus, dass ein weiterer Hinweis dafür angeführt ist, dass Aufstellungsarbeit eine sinnvolle Ergänzung des Mediationsprozesses darstellt. Die Voraussetzungen für die Adaption sind folglich vorhanden.

(10) **Erfolgsfaktoren der Aufstellungsarbeit und Mehrwert für die Mediation:** Die genannten Erfolgsfaktoren der Aufstellungsarbeit und ihr Mehrwert für die Mediation korrelieren mit den Begründungen für die Integration von Aufstellungsarbeit (s. Kategorie „Gründe für den Einsatz von Aufstellungsarbeit in der Mediation"). Die Interpretation und Diskussion der jeweiligen Aussagen wurde in diesem Zusammenhang bereits vorgenommen. Bezüglich der Erfolgsfaktoren bemessen die Befragten auch hier die Leitgedanken der Aufstellungsarbeit als besonders erfolgsgenerierend (s. Kapitel 2.3). Die Antworten auf die Frage, was Aufstellungsarbeit erfolgreich macht und welcher Mehrwert sich für die Mediation ergibt, geben diverse Indizien dafür, wie Aufstellungsarbeit das Methodenrepertoire der Mediation unterstützen und ergänzen kann. Die Ergebnisse werden im Schlussteil dieses Kapitels zusammengefasst vorgestellt.

(11) **Herausforderungen bei der Kombination:** Die geäußerten Herausforderungen werden mit verschiedenen Gesichtspunkten verbunden. Auf die Haltung und Rolle des Mediators bzw. Aufstellungsleiters bezogen, sehen zwei Befragte die Herausforderung, die Geschehnisse nicht zu interpretieren. Diese Problematik wird auch in der Literatur behandelt, da die eigene Meinung und Einstellung nicht auf Knopfdruck ausgeschaltet werden kann. Es ist menschlich, Situationen zu bewerten, zu hinterfragen und zu interpretieren. Wichtig ist dabei, die eigene Einstellung nicht als Doktrin aufzuzwingen (vgl. von Schlippe/Schweitzer 1998).

Die Antworten lassen insgesamt annehmen, dass die interviewten Experten allumfassend aufgrund ihrer jahrelangen beruflichen Praxis keine eklatanten Probleme bei der Kombination beider Verfahren sehen. Da die durchschnittliche Länge der Tätigkeitsdauer sich bei beiden Verfahren nur um ein Jahr unterscheidet (s. Anhang 3), kann in beiden Fällen ein ausgeprägter Erfahrungsschatz und eine Methodenkompetenz vermutet werden. Die dennoch herausfordernden Punkte bezieht die Hälfte der Befragten auf die Medianden selbst. Die verbleibende Hälfte verweist auf Herausforderungen bezüglich der Person des Mediators. Wie bereits herausgearbeitet wurde, wird die Entscheidung über den Einsatz von Mediationsmethoden oder des Ansatzes der Mediation den Wünschen und Bedürfnissen der Medianden entsprechend ausgewählt (s. Kategorie „Ansätze bzw. Richtungen der

Mediation" sowie „Mediationsmethoden"). Hierbei zeigt sich nun, dass diese Prämisse zu einem gewissen Grad eine Herausforderung darstellen kann, da davon gesprochen wird, ein Gespür für den sinnvollen Einsatz von Aufstellungsarbeit in der Mediation zu entwickeln. Wiederholt kann bei dieser Äußerung darauf verwiesen werden, was die Befragten zu einem früheren Zeitpunkt bei den Faktoren für den Einsatz beschrieben haben. Interessant ist auch, dass zwei Befragte eine Herausforderung darin sehen, Vorbehalte gegenüber der Aufstellungsarbeit zu nehmen. Diese Aussage kann mit dem Faktor der Bereitschaft für die Methode der Aufstellungsarbeit als notwendige Voraussetzung für ihren Einsatz in der Mediation erklärt werden. Offenkundig gibt es nach wie vor negativ belastete Zuschreibungen, mit denen Aufstellungsarbeit verbunden wird. Die kontroverse Debatte über die Wirksamkeit von Aufstellungsarbeit lastet dieser nach wie vor an (vgl. Mayer/Hausner 2015). Dies wiederspricht jedoch der raschen Ausbreitung und Implementierung dieses Verfahrens als Beratungsformat.

Ein weiteres interessantes Ergebnis ist die Meinung von etwas weniger als der Hälfte der Befragten, die die Herausforderung auf Seiten der Professionalisierung von Mediatoren sieht. Hier wird sich jedoch auf die Anwenderschaft allgemein bezogen statt auf die eigene Arbeit. Diese Befragten sorgen sich teilweise um die Professionalität von Anwendern mit Blick auf die Kombination von Mediation und Aufstellungsarbeit. Die Vertreter dieser Ansicht postulieren, dass die Methode gut beherrscht werden muss um sie auch im Sinne einer ergänzenden und unterstützenden Funktion einsetzen zu können. In diesem Kontext fordert eine Person, die Forschungsarbeit voranzubringen. Der einleitend dargelegte geringe Forschungsstand stützt diese (Heraus-)Forderung (s. Kapitel 1.2). Neben der wünschenswerten wissenschaftlichen Weiterentwicklung von Aufstellungsarbeit sollte sich die Anwenderschaft, so diese Person weiter, auf eine einheitliche Terminologie einigen. Die Kombination von Mediation und Aufstellungsarbeit kann jedoch in kein einheitliches Verfahrensschema gefasst werden, was auch die Aussagen der Befragten aufgrund ihrer verschiedenen Auffassungen bestätigen. Fraglich ist zudem, ob eine Standardisierung den individuellen Bedürfnissen, Interessen und Gegebenheiten der Medianden überhaupt gerecht würde. Trotz allem scheint dieser Gedanke angesichts mangelnder theoretischer Substanz eine wichtige Überlegung zu sein.

(12) **Interkulturelle Verständigung/Konfliktlösung durch Aufstellungsarbeit in der Mediation:** Auf Basis der Tatsache, dass das heutige Zusammenleben von Pluralität und Diversität geprägt ist, sollte auch über die Potenziale von Aufstellungsarbeit für die interkulturelle Verständigung

und Konfliktlösung in der Mediation diskutiert werden. Unterschiedliche Wertevorstellungen, Normen, Sitten und Rituale prägen moderne Gesellschaften. Daraus entstehen unweigerlich differente Lebensweisen. Davon ausgehend sollte nach sinnvollen Möglichkeiten gesucht werden, die zu einem friedlichen Umgang mit Differenzen befähigen. In der Vermutung, dass Aufstellungsarbeit hierfür ein geeignetes Verfahren ist, werden die Experten zum Abschluss des Interviews nach den kulturellen Aspekten in der Mediation gefragt, genauer, wie sie das Potenzial einschätzen, mit Aufstellungsarbeit eingebettet in den Mediationskontext zu interkultureller Verständigung und Konfliktlösung beitragen zu können. Da einige der Interviewpartner selbst keine oder selten Erfahrungen mit interkulturellen Konfliktfällen in der Mediation aufweisen, sind die entsprechenden Antworten teils hypothetische Annahmen. Dennoch bestätigen alle Befragten, Aufstellungsarbeit könne durchaus einen Beitrag zu interkultureller Verständigung und Konfliktbeilegung leisten. Die in diesem Kontext genannten Gründe bestärken die Ergebnisse der vorangegangenen Kategorien. Der besondere Mehrwert der Aufstellungsarbeit für die interkulturelle Verständigung ist es, das Mitgefühl und Verständnis für fremde Kulturen durch den Perspektivwechsel wachsen lassen zu können. Aufstellungsarbeit kann ferner als nonverbales Ausdrucksmittel die Verständigung erleichtern und potenziellen Missverständnissen entgegnen, da sprachliche Barrieren aufgehoben werden. Sie schafft damit automatisch eine Augenhöhe der Konfliktparteien. Auch hier zeigt der Vergleich der Konzepte der Mediation und Aufstellungsarbeit, dass die Kombination der Verfahren einer Beilegung und Lösung des Konflikts Rechnung tragen kann. Die Aufgabe interkultureller Mediation, stereotypes und vorurteilbehaftetes Denken im Blick auf fremde Kulturen aufzulösen, kann mittels Aufstellungsarbeit unterstützt werden (s. Kapitel 2.2.6). Der Perspektivwechsel erweist sich hierfür als Schlüsselintervention. Zwei Befragte schätzen Aufstellungsarbeit indes auch als eine kulturspezifische Methode ein, die möglicherweise nicht zweifelsfrei für jede Kultur geeignet sei. Schon die Theorie verweist auf die Notwendigkeit eines kultursensibel und kulturrelativistisch gestalteten Mediationsverfahrens bei interkulturellen Konflikten. Die gesteigerten Anforderungen an Mediatoren sind in diesem Kontext interkulturelle Kompetenz, kulturspezifisches Wissen sowie kulturübergreifendes Empathievermögen (vgl. Mayer 2008). Diesem Grundsatz sollte auch bei der Aufstellungsarbeit gefolgt werden, um seelische Verletzungen oder Bloßstellungen zu vermeiden und die Unsicherheit der Medianden, die bei einer Konfliktklärung ohnehin besteht, nicht zu steigern.

Abschließend soll nun, nachdem die Ergebnisse der Experteninterviews kategorienbasiert interpretiert und diskutiert wurden, gebündelt dargestellt werden, wie Aufstellungsarbeit das Methodenrepertoire der Mediation unterstützen und ergänzen kann. Aus den Ausführungen der interviewten Experten lässt sich schlussfolgern, dass diese ihre verwendeten Formen der Aufstellungsarbeit als ein methodisches Werkzeug nutzen, das neben den in der Fachliteratur empfohlenen Basismethoden der Mediation ein anpassungsfähiges Instrument darstellt. Die leitende Forschungsfrage kann entsprechend der Ergebnisse aus den Experteninterviews wie folgt beantwortet werden:

Aufstellungsarbeit unterstützt und ergänzt das Methodenrepertoire der Mediation indem sie

1. den **Perspektivwechsel** durch das Hineinstellen in die Position(en) der Gegenseite(n) anregt und zu mehr Empathie verhilft.
2. durch die räumliche Positionierung der Medianden einen **Veränderungsprozess** auslöst.
3. die Medianden in eine andere Energie führt und neben der **kognitiven** die **emotionale Ebene anspricht**.
4. die **Situation** des Konflikts **sichtbar** werden lässt und **verdeutlicht**.
5. **Systemzusammenhänge visualisiert**.
6. **Beziehungsstrukturen erkennbar, spürbar und erlebbar** macht.
7. alle Konfliktparteien gleichberechtigt in den **systemischen Prozess** einbezieht.
8. **neue Lösungsoptionen** aufzeigt.
9. **neue Erkenntnisse** hintergründiger Ursachen für einen Konflikt generiert.
10. den **Ausdruck** unterdrückter oder verborgener **Interessen** fördert.
11. **sprachliche Barrieren** überwindet.
12. für die Medianden ein **nonverbales Ausdruckmittel** darstellt.
13. das **gegenseitige Verständnis** der Konfliktparteien fördert.
14. **Bewegungsimpulse** durch das Aufstellen im Raum auslöst.
15. eine **enorme Nachwirkung** auf die Medianden hat.

Die Vielzahl der aufgelisteten Gründe zeigt das bereichernde Potenzial von Aufstellungsarbeit für die Konfliktbewältigung. Auf Basis einer visuellen Vergegenwärtigung der sozialen Beziehungsstrukturen durch die räumliche Darstellung von Systemzusammenhängen ergeben sich folglich die unterstützenden und ergänzenden Anknüpfungspunkte für die Mediation.

# 5. Fazit

Nachdem die Forschungsfragen beantwortet wurden, werden in diesem Kapitel die Erkenntnisse der inhaltsanalytischen Auswertung der Experteninterviews einer abschließenden Bewertung unterzogen. Das Fazit wird entlang der Hauptforschungsfrage gezogen: Wie kann Aufstellungsarbeit das Methodenrepertoire der Mediation unterstützen und ergänzen? Zusammenfassend kann dazu festgehalten werden, dass das systemische und aktionsgeleitete Vorgehen der Aufstellungsarbeit (1) teils überraschende, nicht vorhersehbare Einsichten in die dem Konflikt zugrunde liegenden Beziehungsdynamiken der Betroffenen gibt und (2) in der Konsequenz alternative Handlungs- und Lösungsoptionen für die Konfliktbewältigung in der Mediation aufzeigt. Durch das persönliche Erleben und die räumliche Abbildung des Konflikts ermöglicht Aufstellungsarbeit den Medianden eine weitere Ausdrucksform ihrer inneren Positionen in Bezug auf das Konfliktverhältnis mit den damit einhergehenden Gefühlen, Bedürfnissen sowie Interessen und verkürzt ein teils langwieriges und sogar kräfteraubendes Mediationsgespräch.

Der Einsatz von Aufstellungsarbeit in den unterschiedlichen Mediationsphasen zeigt zudem die Flexibilität und Anpassungsfähigkeit an das Mediationsgeschehen allgemein und insbesondere die effektive Ergänzung der jeweiligen Basismethoden. Die Möglichkeit der Visualisierung von Beziehungsstrukturen scheint für die Mediation von besonderem Wert zu sein, da die als Basismethoden vorgestellten klassischen Mediationswerkzeuge Techniken der Gesprächsführung sind. Der Einsatz in mehreren Mediationsphasen zeigt darüber hinaus, dass Aufstellungsarbeit den gesamten Mediationsprozess über eine begleitende Funktion einnehmen kann und zum anderen das methodische Repertoire in jeder Phase auf die Schwerpunkte bezogen angemessen unterstützt und ergänzt. Der Perspektivwechsel den eine Aufstellung anregt, fördert das Verständnis für andere Positionen bzw. Standpunkte und kann damit den Annäherungsprozess, der ein bedeutendes Anliegen der Mediation darstellt, zusätzlich unterstützen.

Die Ausschöpfung des Potenzials von Aufstellungsarbeit in der Mediation steht in direktem Bezug zu den von den Interviewpartnern genannten Faktoren für den Einsatz, der damit einhergehenden Anschluss- und Umsetzungsfähigkeit sowie den Herausforderungen bei der Kombination beider Verfahren. Während die Bedingungen, die an die Integration geknüpft werden, Grenzen von Einsatzmöglichkeiten aufzeigen, negieren die Herausforderungen hingegen keinesfalls das Potenzial von Aufstellungsarbeit für die Mediation. Durch die identifizierten Erfolgsfaktoren von Aufstellungsarbeit erfährt Mediation außerdem einen Mehrwert. Aufstellungsarbeit als Instrument der Konfliktlösung erweist sich als geeignete Ergänzung zu den klassischen Mediationsinstrumenten, nicht zuletzt durch die Vielfalt an möglichen Formen für die unterschiedlichsten Anwendungsfelder und die flexible Gestaltung innerhalb vorliegender Settings.

Die Ergebnisdarstellung der Faktoren für den Einsatz zeigt jedoch auch, dass dieses Verfahren nicht per se der passende Ansatz und Erfolgsgarant für die Mediation ist. Die Bemessung des Einsatzes anhand des bestehenden Eskalationsniveaus eines Konflikts befähigt demnach die Eignung bis zu einem Eskalationsgrad der Stufe vier. Ab der fünften Eskalationsstufe sollte die Konfliktklärung mithilfe der bewährten Basismethoden der Mediation bewältigt werden, um den Medianden zu mehr Konfliktfähigkeit zu verhelfen, zu deeskalieren und sie erst wieder in eine dialogfähige Verfassung zu bringen.

Im Hinblick auf die Hauptforschungsfrage gibt es keine widersprüchlichen Aussagen; die Ansichten und Auffassungen der Experten stützen sich gegenseitig. Lediglich die Meinungen darüber, welche Faktoren den Einsatz von Aufstellungsarbeit bestimmen, zeigen Unstimmigkeiten unter den Befragten. So sehen einige mögliche Hemmungen seitens der Medianden im wirtschaftlichen Umfeld, andere halten Aufstellungsarbeit hingegen im Bereich der Familienmediation für potenziell riskant.

Abschließend sollen die Ergebnisse mit Blick auf die eingangs festgelegten Ziele und den Zweck dieser Forschung verdichtet werden. Der Forschungszweck dieser Studie ist es, die Reichweiten und Wirkungszusammenhänge von Aufstellungsarbeit in der Mediation aus einer neutralen Perspektive heraus zu betrachten. Dadurch sollen sinnvolle Anknüpfungspunkte an das Mediationsverfahren ergründet werden, die zu einer Konfliktlösung beitragen können. Neben den Potenzialen bzw. Erfolgsfaktoren von Aufstellungsarbeit wurden die Grenzen und Herausforderungen und somit die Reichweiten und Wirkungszusammenhänge im Blick auf den Einsatz von Aufstellungsarbeit in der Mediation herausgearbeitet. Sinnvolle Anknüpfungspunkte finden sich den Aussagen der interviewten Experten zufolge in allen Mediationsphasen, in denen der Konflikt aktiv bearbeitet wird (Phase 1 bis 4) und darüber hinaus in der Vorphase der Mediation. Die Ergänzung und Unterstützung der Basismethoden der Mediation durch Aufstellungsarbeit kann zu einer wirksamen Lösung des Konflikts und Versöhnung der Konfliktparteien beitragen. Die Arbeit gibt zudem einen Einblick in die verschiedenen Auffassungen und Begriffsbestimmungen von Aufstellungsarbeit sowie Anregungen für eine Debatte darüber, wie Aufstellungsarbeit sich als adaptierendes und intervenierendes Werkzeug für die Mediation charakterisieren und definieren lässt.

Entsprechend der formulierten Ziele dieser qualitativen Studie konnte eine Exploration von praxisgeleitetem Expertenwissen in Bezug auf den Einsatz von Aufstellungsarbeit in der Mediation vorgenommen werden. Im Rahmen der Darstellung der Ergebnisse wird ein Vergleich der methodischen Ausübungen der befragten Experten sowie Anwendungsmöglichkeiten vorgenommen. Hinsichtlich der Frage, inwiefern sich der Einsatz von Aufstellungsarbeit in der Mediation eignet, werden gleichermaßen Potenziale und Herausforderungen herausgearbeitet. Welche Aufstellungsformen integriert, wie diese in den Mediationsprozess eingebettet werden und warum, zeigen die Kategorien „Aufstellungsformen in der Mediation", „Einsatz und Begründung der Aufstellungsformen in den Mediationsphasen" sowie „Gründe für den Einsatz von Aufstellungsarbeit in der Mediation". Obschon nahezu alle interviewten Experten nicht im Bereich interkultureller Mediation tätig sind, wurde ebenfalls diskutiert, inwiefern Aufstellungsarbeit auch hierfür einen Mehrwert generieren kann.

## 5.1 Limitationen der Arbeit

Aufgrund der relativ niedrigen Samplegröße dieser Studie können die Ergebnisse nicht uneingeschränkt verallgemeinert werden und gelten daher eher als Tendenzen. Darüber hinaus können nur ausgewählte Anwender ihre Sicht auf die Thematik schildern. Aufgrund dessen besteht die Möglichkeit, dass noch weitere Konzepte für den Einsatz von Aufstellungsarbeit in der Mediation herrschen, die hier nicht erfasst werden können. Die Verteilung der Häufigkeiten in Bezug auf die Nennungen muss daher als relative Angabe betrachtet werden. Möglicherweise würden andere Interviewpartner, die diese Aussage nicht getätigt haben, den Antworten ihrer Kollegen zustimmen, andere könnten diese jedoch ablehnen. Dieser Fakt ist der situationsbedingten Erhebung der Aussagen zuzuschreiben. In einer kurzen Zeitspanne eines Interviews ist es nicht möglich auf alle Aspekte einzugehen, die eine Person potenziell zu der erfragten Thematik beitragen könnte. Daher erfolgt aufgrund des zeitlich begrenzten Erhebungszeitraums eine Momentaufnahme. Entsprechend der Zeitspanne in der die Befragungen durchgeführt wurden, kann zudem keine langfristige Entwicklung gemessen werden. Für künftige Auseinandersetzungen dürfte es interessant sein, den Verlauf von Beratungsformaten in den Blick zu nehmen um Veränderungen und Ursprünge ergründen zu können.

Ein weiterer Aspekt ist eine fehlende praktische Auseinandersetzung mit der Thematik, beispielsweise durch eine teilnehmende Beobachtung. Zwar haben die befragten Experten ihre Verfahren an bestimmten Stellen mit Beispielen aus ihrer Praxis untermauert, dennoch kann der Einsatz von Aufstellungsarbeit in der Mediation in dieser Studie nicht in der Praxis beobachtet werden. Dessen ungeachtet eignen sich Erhebungsinstrument und Methodik, um einen ersten wissenschaftlichen Blick auf den Gegenstand der Forschung zu werfen und eine Einführung in die Thematik zu geben. Da an dieser Stelle der Fokus auf den Mediatoren liegt, kann keine Wirksamkeitsanalyse von Aufstellungsarbeit unter Einbezug der Medianden vorgenommen werden. Auch eine Betrachtung der Mediations- und Aufstellungspraxis in außerdeutschen Kontexten kann nur ansatzweise erfolgen, da sich lediglich eine befragte Person aus der Schweiz zu einem Interview bereiterklärte. Die übrigen elf Interviewpartner stammen aus Deutschland und üben hier ihren Beruf aus. Darüber hinaus können die Ergebnisse nur ansatzweise das Potenzial von Aufstellungsarbeit im interkulturellen Mediationskontext abzeichnen, da einige der Befragten selbst wenig bis keine Praxiserfahrungen auf diesem Gebiet vorweisen und die gegebenen Antworten größtenteils das Resultat hypothetischer Auffassungen sind.

## 5.2 Offengebliebene Fragen

In dieser Arbeit wurden die forschungsleitenden Fragen bezüglich des Gegenstands der Forschung, genauer des Einsatzes von Aufstellungsarbeit in der Mediation, beantwortet. Dennoch bleiben weitere, für die wissenschaftliche und anwendungsorientierte Arbeit notwendige Fragen unbeantwortet. Dies bezieht sich sowohl auf den Einsatz von Aufstellungsarbeit in der Mediation als auch auf das Format Aufstellungsarbeit im Allgemeinen. So ergeben sich für die Kombination beider Verfahren und die Aufstellungspraxis u.a. folgende Fragen:

- Welche weiteren bereichernden Potenziale ergeben sich aus dem Einsatz von Aufstellungsarbeit mit systemfremden Repräsentanten?
- Was muss unternommen werden, um Vorbehalte gegenüber der Aufstellungsarbeit seitens der Medianden/Klienten zu nehmen?
- Welche weiteren Beratungsformate und -techniken könnten auf die Mediation übertragen werden?
- Würden sich die Ergebnisse dieser Studie in einem umfangreicheren Sample bestätigen oder andere Erkenntnisse generieren?
- Haben die befragten Mediatoren bei ihren Klienten in der Nachbetreuung die Erfahrung gemacht, dass in den Fällen, in denen Aufstellungsarbeit in einen Mediationsprozess integriert wurde, eine wirksamere Lösung erarbeitet werden konnte als in einem reinen Mediationsverfahren?
- Wie beurteilen Medianden den zusätzlichen Nutzen von Aufstellungsarbeit für die Bearbeitung und Lösung ihres Konflikts?

- Würden die Einschätzungen von Medianden, verglichen mit denen der befragten Mediatoren, ähnliche, andere oder gar keine ergänzenden und unterstützenden Potenziale von Aufstellungsarbeit hervorbringen?

Um die hier gestellten Fragen zu beantworten bedarf es weiterer Forschung. Welche Implikationen sich aus dieser Studie und den offengebliebenen Fragen für Forschung und Praxis ergeben, wird daher im folgenden Abschnitt diskutiert.

## 5.3 Implikationen für Forschung und Praxis

Die empirischen Ergebnisse aus den geführten Experteninterviews liefern eine mögliche Basis, auf der künftige Forschung und Praxis aufbauen kann. Die Erfahrungswerte und Anwendungsbeispiele der interviewten Mediatoren legen eine weitere Auseinandersetzung mit der Thematik zumindest nahe. Einige der befragten Experten sehen beispielsweise die Professionalität von Anwendern bei der Kombination von Mediation und Aufstellungsarbeit als einen zu wenig beleuchteten Aspekt in der Praxis. Um dem entgegenzuwirken, sollte ein aktiver Austausch innerhalb der Tätigkeitslandschaft gefördert werden. Zudem erscheint es hilfreich, konkrete Weiterbildungsprogramme für die Berufsgruppe der Mediatoren zu etablieren, die wichtige grundlegende Konzepte von Mediation und Aufstellungsarbeit vermittelt und die Integrationsmöglichkeiten von Aufstellungsarbeit in der Mediation diskutiert. Eine weitere Möglichkeit den Dialog zwischen Anwendern herzustellen, könnten Tagungen oder Workshops sein, die den Austausch untereinander fördern und die verschiedenen Ausübungspraktiken einander gegenüberstellen. Solche interaktiven Formate wären ein zusätzliches Angebot zu der praxisgeleiteten Literatur, um Anregungen und Erweiterungen für die integrative Mediations- und Aufstellungsarbeit zu generieren.

Die Forschungspraxis sollte sich u.a. auf die Begriffsabgrenzung und -bestimmung von Aufstellungsarbeit richten. Besonders für wenig erfahrene Mediatoren und Aufsteller könnten weitere Forschungsaktivitäten wichtige Impulse für eine zielgerichtete und an die speziellen Bedürfnisse der Medianden bzw. Klienten angepasste Verfahrensausübung geben. Aufgrund der genannten begrenzten Zugangsmöglichkeiten zu dem Gegenstand der Forschung könnte es außerdem ein Anreiz für künftige Forschungsarbeit sein, mit anderen qualitativen und auch quantitativen Forschungsansätzen an das Feld heranzutreten. Besonders sinnvoll erscheinen zum einen die teilnehmende Beobachtung und zum anderen die Befragung von Medianden, wie diese den Einsatz von Aufstellungsarbeit in der Mediation wahrnehmen und bewerten. Damit könnten die Wirkungsmechanismen und Einflussfaktoren von Aufstellungsarbeit aus einer anderen Perspektive betrachtet werden und die hier erbrachten Ergebnisse ergänzen. Dafür könnte es hilfreich sein, auch quantitative Langzeitstudien anzustellen, deren Ergebnisse stärker verallgemeinert werden könnten. Wünschenswert wäre zudem die wissenschaftliche Auseinandersetzung mit den Potenzialen von Aufstellungsarbeit für die interkulturelle Konfliktbewältigung innerhalb der Mediation. Die in dieser Untersuchung befragten Experten gehen zwar von einem großen Potenzial von Aufstellungsarbeit zur Förderung von interkultureller Verständigung und Lösung von interkulturell bedingten Konflikten aus, verfügen jedoch teilweise nicht oder nur bedingt über eigene Erfahrungen damit. Generell ist die Entwicklung und Ausübung von Aufstellungskonzepten wesentlich auf den westlichen, europäischen Raum konzentriert. Somit wäre es interessant, Mediationspraktiken einmal in einer internationalen Vergleichsstudie zu ergründen und zu erforschen, ob es für bestimmte Kulturkreise andere wertvolle Implementierungsstrategien gibt. In größeren Dimensionen kann Aufstellungsarbeit auch für politische oder religiös begründete Konflikte viel Potenzial bereithalten. Ein fachlicher Austausch darüber sollte also weiter angeregt werden.

## 5.4 Ausblick

Die integrative Betrachtung von Aufstellungsarbeit und Mediation wurde bislang nur von Anwendern selbst vereinzelt vorgenommen. Die entsprechenden Beiträge widmen sich der Darstellung von Einzelfällen und Praxisbeispielen, werden aber auf keinen allgemeinen Nenner gebracht oder einem Vergleich unterzogen. Die wissenschaftliche Evaluierung aus einer unvoreingenommenen Außenperspektive erfolgte bisher nicht. Die zentrale Aufgabe und Zielsetzung dieser Studie war es daher, die Einsatzmöglichkeiten von Aufstellungsarbeit in der Mediation zu untersuchen und in gebündelter Form darzustellen. Die Ergebnisse aus der Befragung von zwölf Experten konnten somit einander gegenübergestellt werden, um ein fallübergreifendes Bild hinsichtlich der Anknüpfungspunkte von Mediation und Aufstellungsarbeit zu erhalten. Die dafür formulierte Leitfrage, wie Aufstellungsarbeit das Methodenrepertoire der Mediation unterstützen und ergänzen kann, sollte daher im Fokus stehen.

Die Ergebnisse dieser qualitativen Studie über Anwendungsbeispiele aus der Praxis zum Einsatz von Aufstellungsarbeit in der Mediation können möglicherweise dazu beitragen, die integrale Anwendung von Aufstellungsarbeit in der Mediation neu zu bewerten, praktische Handlungsweisen von Akteuren zu antizipieren, vom Praxiswissen der Befragten zu profitieren und das Verständnis für die Kombination beider Verfahren zu erweitern. Mit dieser Untersuchung soll der Austausch und die Kommunikation auf diesem Gebiet sowohl in der forschungsgeleiteten als auch anwendungsbasierten Praxis gefördert sowie die Selbstreflexion angewandter beratender Verfahren und Methoden aufrecht erhalten oder gar erhöht werden. Wie die empirischen Ergebnisse im Blick auf die Herausforderungen der Kombination beider Verfahren zeigen, ist die Professionalisierung und Qualifizierung von Mediatoren hinsichtlich der Integration von Aufstellungsarbeit ein wichtiges Thema. Ein Austausch unter Anwendern würde den Vergleich von Praktiken und den Ausbau von Maßnahmen ermöglichen.

Mediation und Aufstellungsarbeit sind nach wie vor anwendungsbasierte und -geprägte Konzepte. Für die Mediation haben sich jedoch in den vergangenen Jahrzehnten auch für den deutschen Raum grundlegende Theorien und Methodologien entwickelt, die es der Anwenderschaft zunehmend erleichtern, einen Zugang zu dem Verfahren zu erlangen. Im Blick auf Aufstellungsarbeit sollte hingegen ein intensiver methodologischer sowie terminologischer Ausbau vollzogen werden. Eine an Kundenbedürfnisse angepasste Ausübung sollte jedoch weiterhin das Ziel von Aufstellungsarbeit sein. Gleiches gilt für die Mediation. Beide Verfahren verhelfen Menschen in konfliktären Situationen zu einer Verbesserung ihrer bisherigen Beziehungsverhältnisse, schaffen einen Ausgleich und fördern das Mitgefühl sowie Verständnis für andere Standpunkte. Dies trägt zu einem friedlichen Miteinander bei.

Diese Studie zeigt deutlich, dass Aufstellungsarbeit, abhängig von unterschiedlichen Faktoren, das Methodenrepertoire der Mediation in vielerlei Hinsicht unterstützen und ergänzen kann. Aufstellungsarbeit birgt viel Potenzial um Entscheidungsprozesse und Lösungsfindungen weniger kognitiv und mehr emotional und intuitiv anzugehen. Die Visualisierung der Beziehungsstrukturen und -dynamiken eines Systems lässt die Medianden den Konflikt spüren und körperlich erleben. Die dreidimensionale räumliche Darstellung des Konflikts führt den Medianden ihre Situation buchstäblich vor Augen. Auf dieser Grundlage stellt Aufstellungsarbeit auch für weitere beratende, therapeutische und vermittelnde Verfahren eine lösungsgerichtete Hilfestellung dar. Die Weiterentwicklung des Aufstellungsverfahrens und Entfaltung möglicher Anknüpfungspunkte als Interventionstechnik für andere Zwecke kann mit Spannung verfolgt werden.

# Literaturverzeichnis

**Atteslander, Peter** (2003): *Methoden der empirischen Sozialforschung.* 10. Auflage. Berlin: de Gruyter.

**Ballreich, Rudi/Glasl, Friedrich** (2007): *Mediation in Bewegung. Ein Lehr- und Übungsbuch mit Filmbeispielen auf DVD.* Stuttgart: Concadora.

**Ballreich, Rudi** (2012): „Menschenskulpturen und Aufstellungen in der Teammediation". In: Ruhnau, Erwin (Hrsg.): *Systemische Aufstellungen in der Mediation. Beziehungen sichtbar machen.* Stuttgart: Concadora: 46–57.

**Barrios, Catarina** (2013): „Interkulturelle Mediation in Teams mit multinationaler Belegschaft aus Deutschland und Lateinamerika". In: Kumbier, Dagmar/Schulz von Thun, Friedemann (Hrsg.): *Interkulturelle Kommunikation: Methoden, Modelle, Beispiele.* 6. Auflage. Reinbek: Rowohlt: 248–310.

**Baxa, Guni-Leila/Essen, Christine** (2000): „Prozessorientierte Organisationsaufstellungen". In: Weber, Gunthard (Hrsg.): *Praxis der Organisationsaufstellungen. Grundlagen, Prinzipien, Anwendungsbereiche.* Heidelberg: Carl-Auer: 127–155.

**Besemer, Christoph** (1995): *Mediation – Vermittlung in Konflikten.* 3. Auflage. Königsfeld/Baden: Stiftung Gewaltfreies Leben/Werkstatt für Gewaltfreie Aktion.

**Bogner, Alexander/Menz, Wolfgang** (2009): „Experteninterviews in der qualitativen Sozialforschung. Zur Einführung in eine sich intensivierende Methodendebatte". In: Bogner, Alexander/Littig, Beate/Menz, Wolfgang (Hrsg.): *Experteninterviews. Theorien, Methoden, Anwendungsfelder.* 3., grundlegend überarbeitete Auflage. Wiesbaden: VS: 7–31.

**Bohnsack, Ralf/Marotzki, Winfried/Meuser, Michael** (Hrsg.) (2011): *Hauptbegriffe Qualitativer Sozialforschung.* 3. Auflage. Opladen/Farmington Hills: Budrich.

**Bortz, Jürgen/Döring, Nicola** (2002): *Forschungsmethoden und Evaluation für Human- und Sozialwissenschaftler.* 3. Auflage. Berlin/Heidelberg/New York: Springer.

**Breidenbach, Stephan/Falk, Gerhard** (2005): „Einführung in Mediation". In: Falk, Gerhard/Heintel, Peter/Krainz, Ewald E. (Hrsg.): *Handbuch Mediation und Konfliktmanagement.* Wiesbaden: VS: 259–269.

**Bryman, Alan** (2012): *Social Research Methods.* Fourth edition. New York: Oxford University Press.

**Carmann, Martin/Schulte-Derne, Martina** (2005): „Fragen und Zuhören". In: Falk, Gerhard/Heintel, Peter/Krainz, Ewald E. (Hrsg.): *Handbuch Mediation und Konfliktmanagement.* Wiesbaden: VS: 297–300.

**De Shazer, Steve** (1991): *Wege der erfolgreichen Kurztherapie.* 3. Auflage. Stuttgart: Klett-Cotta.

**Dittmar, Norbert** (2004): *Transkription. Ein Leitfaden mit Aufgaben für Studenten, Forscher und Laien.* Wiesbaden: VS.

**Dulabaum, Nina L.** (2001): *Mediation: Das ABC. Die Kunst, in Konflikten erfolgreich zu vermitteln.* 3. Auflage. Weinheim/Basel: Beltz.

**Duss-von Werdt, Joseph** (2008): *Einführung in Mediation.* Heidelberg: Carl-Auer.

**Fisher, Roger/Ury, William/Patton, Bruce** (1998): *Das Harvard-Konzept. Sachgerecht verhandeln – erfolgreich verhandeln.* 17. Auflage. Frankfurt am Main: Campus.

**Flick, Uwe** (2007): *Qualitative Sozialforschung. Eine Einführung.* Vollständig überarbeitete und erweiterte Neuausgabe. Reinbek: Rowohlt.

**Flick, Uwe/von Kardorff, Ernst/Steinke, Ines** (2008): „Was ist qualitative Forschung? Einleitung und Überblick". In: Flick, Uwe/von Kardorff, Ernst/Steinke, Ines (Hrsg.): *Qualitative Forschung. Ein Handbuch.* 6. Auflage. Reinbek: Rowohlt: 13–29.

**Glasl, Friedrich** (1999): *Konfliktmanagement. Ein Handbuch für Führungskräfte, Beraterinnen und Berater.* 6. Auflage. Bern/Stuttgart: Haupt/Freies Geistesleben.

**Gläser, Jochen/Laudel, Grit** (2004): *Experteninterviews und qualitative Inhaltsanalyse.* Wiesbaden: VS.

**Gläßer, Ulla** (2012): „Skalenfragen. Ein effizientes Multifunktionswerkzeug in der Mediation". In: Knapp, Peter (Hrsg.): *Konfliktlösungs-Tools. Klärende und deeskalierende Methoden für die Mediations- und Konfliktmanagement-Praxis.* 2. Auflage. Bonn: managerSeminare: 170–177.

**Gleich, Michel** (2008): *Organisationsaufstellungen als Beratungsinstrument für Führungskräfte.* Heidelberg: Carl-Auer.

**Haft, Fritjof/Schlieffen, Katharina** (Hrsg.): *Handbuch Mediation. Verhandlungstechnik, Strategien, Einsatzbereiche.* München: C.H. Beck.

**Hanschitz, Rudolf-Christian** (2005): „Konflikte und Konfliktbegriffe". In: Falk, Gerhard/Heintel, Peter/Krainz, Ewald E. (Hrsg.): *Handbuch Mediation und Konfliktmanagement.* Wiesbaden: VS: 63–82.

**Helfferich, Cornelia** (2005): *Die Qualität qualitativer Daten. Manual für die Durchführung qualitativer Interviews*. 2. Auflage. Wiesbaden: VS.

**Hellinger, Bert** (2010): *Themenbezogene Unternehmensberatung*. Berchtesgaden: Hellinger Publications.

**Hopf, Christel** (1995): „Qualitative Interviews in der Sozialforschung. Ein Überblick". In: Flick, Uwe/v. Kardorff, Ernst/Keupp, Heiner/v. Rosenstiel, Lutz/ Wolff, Stephan (Hrsg.): *Handbuch Qualitative Sozialforschung. Grundlagen, Konzepte, Methoden und Anwendungen*. 3. Auflage. Weinheim: Psychologie Verlags Union: 177–188.

**Hopf, Christel** (2008): „Forschungsethik und qualitative Forschung". In: Flick, Uwe/von Kardorff, Ernst/Steinke, Ines (Hrsg.): *Qualitative Forschung. Ein Handbuch*. 6. Auflage. Reinbek: Rowohlt: 589–600.

**Horn, Klaus P./Brick, Regine** (2003): *Organisationsaufstellung und systemisches Coaching. Ein Praxisbuch*. Offenbach: GABAL.

**Huyssen, Karin** (2015): „Aufstellungen nach dem Modell der Ego-State-Therapie als salutogenetischer Integrationsprozess". In: Mayer, Claude-Hélène/Hausner, Stephan (Hrsg.): *Salutogene Aufstellungen. Beiträge zur Gesundheitsförderung in der systemischen Arbeit*. Göttingen: Vandenhoeck & Ruprecht: 173–188.

**Klein, Peter/Limberg-Strohmaier, Sigrid** (2012): *Das Aufstellungsbuch. Familienaufstellung, Organisationsaufstellung und neueste Entwicklungen*. Wien: Braumüller.

**Knapp, Peter** (Hrsg.) (2012): *Konfliktlösungs-Tools. Klärende und deeskalierende Methoden für die Mediations- und Konfliktmanagement-Praxis*. 2. Auflage. Bonn: managerSeminare.

**Knapp, Peter** (Hrsg.) (2013): *Konflikte lösen in Teams und großen Gruppen. Klärende und deeskalierende Methoden für die Mediations- und Konfliktmanagement-Praxis im Business*. Bonn: managerSeminare.

**Kohlhauser, Martin/Assländer, Friedrich** (2005): *Organisationsaufstellungen evaluiert. Studie zur Wirksamkeit von Systemaufstellungen in Management und Beratung*. Heidelberg: Carl-Auer.

**Kracht, Stefan** (2002): „Rolle und Aufgabe des Mediators – Prinzipien der Mediation". In: Haft, Fritjof/Schlieffen, Katharina (Hrsg.): *Handbuch Mediation. Verhandlungstechnik, Strategien, Einsatzbereiche*. München: C.H. Beck: 363–392.

**Krieger, David J.** (1996): *Einführung in die allgemeine Systemtheorie*. München: Fink.

**Kromrey, Helmut** (1998): *Empirische Sozialforschung. Modelle und Methoden der Datenerhebung und Datenauswertung.* 8. Auflage. Opladen: Leske + Budrich.

**Kuckartz, Udo/Dresing, Thorsten/Rädiker, Stefan/Stefer, Claus** (2008): *Qualitative Evaluation. Der Einstieg in die Praxis.* 2. Auflage. Wiesbaden: VS.

**Kuckartz, Udo** (1996): „MAX für WINDOWS: ein Programm zur Interpretation, Klassifikation und Typenbildung". In: Bos, Wilfried/Tarnai, Christian (Hrsg.): *Computerunterstützte Inhaltsanalyse in den Empirischen Sozialwissenschaften. Theorie – Anwendung – Software.* Münster/New York: Waxmann: 229–243.

**Kühl, Stefan/Strodtholz, Petra/Taffertshofer, Andreas** (2009): „Qualitative und quantitative Methoden der Organisationsforschung – ein Überblick". In: Kühl, Stefan/Strodtholz, Petra/Taffertshofer, Andreas (Hrsg.): *Handbuch Methoden der Organisationsforschung. Quantitative und Qualitative Methoden.* Wiesbaden: VS: 13–27.

**Lamnek, Siegfried** (2005): *Qualitative Sozialforschung. Lehrbuch.* 4. Auflage. Weinheim/Basel: Beltz.

**Lauterbach, Matthias** (2012): „Aufstellungen: die transpersonale Sprache sprechen und verstehen lernen. Rudi Ballreich und Erwin Ruhnau im Gespräch mit Matthias Lauterbach". In: Ruhnau, Erwin (Hrsg.): *Systemische Aufstellungen in der Mediation. Beziehungen sichtbar machen.* Stuttgart: Concadora: 130–144.

**Leutz, Grete** (1974): *Psychodrama. Theorie und Praxis. Das klassisches Psychodrama nach J. L. Moreno.* Berlin/Heidelberg: Springer.

**Liefert, Götz** (2012): „Mit der Timeline die Konfliktgeschichte abbilden". In: Knapp, Peter (Hrsg.): *Konfliktlösungs-Tools. Klärende und deeskalierende Methoden für die Mediations- und Konfliktmanagement-Praxis.* 2. Auflage. Bonn: managerSeminare: 104–108.

**Luhmann, Niklas** (2002): *Einführung in die Systemtheorie.* Heidelberg: Carl-Auer.

**Mayer, Claude-Hélène** (2008): *Trainingshandbuch Interkulturelle Mediation und Konfliktlösung.* Münster: Waxmann.

**Mayer, Claude-Hélène/Hausner, Stephan** (Hrsg.) (2015): *Salutogene Aufstellungen. Beiträge zur Gesundheitsförderung in der systemischen Arbeit.* Göttingen: Vandenhoeck & Ruprecht.

**Mayer, Claude-Hélène** (2013): „Tanz der Kulturen. Mediationstools in transkulturellen Settings sorgsam und wirksam einsetzen". In: Knapp, Peter (Hrsg.): *Konflikte lösen in Teams und großen Gruppen. Klärende und deeskalierende*

*Methoden für die Mediations- und Konfliktmanagement-Praxis im Business*. Bonn: managerSeminare: 84–89.

**Mayer, Claude-Hélène** (2015a): „Magie und magisches Denken in der Aufstellungsarbeit – eine gesunde Sache?". In: Mayer, Claude-Hélène/Hausner, Stephan (Hrsg.): *Salutogene Aufstellungen. Beiträge zur Gesundheitsförderung in der systemischen Arbeit*. Göttingen: Vandenhoeck & Ruprecht: 33–54.

**Mayer, Claude-Hélène** (2015b): „Intuition als Gesundheitsressource im Kontext systemischer Resonanz". In: Mayer, Claude-Hélène/Hausner, Stephan (Hrsg.): *Salutogene Aufstellungen. Beiträge zur Gesundheitsförderung in der systemischen Arbeit*. Göttingen: Vandenhoeck & Ruprecht: 66–91.

**Mayring, Philipp** (1990): *Einführung in die qualitative Sozialforschung. Eine Anleitung zu qualitativem Denken*. München: Psychologie Verlags Union.

**Mayring, Philipp** (2010): *Qualitative Inhaltsanalyse. Grundlagen und Techniken*. 11. Auflage. Weinheim/Basel: Beltz.

**Mayring, Philipp/König, Joachim/Birk, Nils** (1996): „Qualitative Inhaltsanalyse von Berufsbiographien arbeitsloser LehrerInnen in den Neuen Bundesländern". In: Bos, Wilfried/Tarnai, Christian (Hrsg.): *Computerunterstützte Inhaltsanalyse in den Empirischen Sozialwissenschaften. Theorie – Anwendung – Software*. Münster/New York: Waxmann: 105–120.

**Mayring, Philipp** (2008): „Qualitative Inhaltsanalyse". In: Flick, Uwe/von Kardorff, Ernst/Steinke, Ines (Hrsg.): *Qualitative Forschung. Ein Handbuch*. 6. Auflage. Reinbek: Rowohlt: 468–475.

**Meuser, Michael/Nagel, Ulrike** (2009): „Experteninterview und der Wandel der Wissensproduktion". In: Bogner, Alexander/Littig, Beate/Menz, Wolfgang (Hrsg.): *Experteninterviews. Theorien, Methoden, Anwendungsfelder*. 3., grundlegend überarbeitete Auflage. Wiesbaden: VS: 35–60.

**Montada, Leo/Kals, Elisabeth** (2007): *Mediation. Ein Lehrbuch auf psychologischer Grundlage*. 2. Auflage. Weinheim: Beltz.

**Moreno, Jacob L.** (1974): *Die Grundlagen der Soziometrie. Wege zur Neuordnung der Gesellschaft*. 3. Auflage. Opladen: Westdeutscher.

**Pfadenhauer, Michaela** (2009): „Auf gleicher Augenhöhe. Das Experteninterview – ein Gespräch zwischen Experte und Quasi-Experte". In: Bogner, Alexander/Littig, Beate/Menz, Wolfgang (Hrsg.): *Experteninterviews. Theorien, Methoden, Anwendungsfelder*. 3., grundlegend überarbeitete Auflage. Wiesbaden: VS: 99–116.

**Proksch, Roland** (1998): *Mediation – Vermittlung in familiären Konflikten. Einführung von Mediation in die Kinder- und Jugendhilfe*. Nürnberg: ISKA.

**Ruhnau, Erwin** (Hrsg.) (2012): *Systemische Aufstellungen in der Mediation. Beziehungen sichtbar machen.* Stuttgart: Concadora.

**Ruppert, Franz** (2003): *Berufliche Beziehungswelten. Das Aufstellen von Arbeitsbeziehungen in Theorie und Praxis.* 2. Auflage. Heidelberg: Carl-Auer.

**Ruppert, Franz** (2015): „Trauma, Gesundsein und „Krankheit" – wie Aufstellungen mehr Klarheit bringen können". In: Mayer, Claude-Hélène/Hausner, Stephan (Hrsg.): *Salutogene Aufstellungen. Beiträge zur Gesundheitsförderung in der systemischen Arbeit.* Göttingen: Vandenhoeck & Ruprecht: 156–172.

**Satir, Virginia/Baldwin, Michele** (1988): *Familientherapie in Aktion. Die Konzepte von Virginia Satir in Theorie und Praxis.* Paderborn: Junfermann.

**Schnell, Rainer/Hill, Paul B./Esser, Elke** (2011): *Methoden der empirischen Sozialforschung.* 9. Auflage. München: Oldenbourg.

**Schwehm, Helmut** (2009): „Soziometrie – Die Methode der Wahl". In: Gunkel, Stefan (Hrsg.): *Psychodrama und Soziometrie. Erlebnisorientierte Aktionsmethoden in Psychotherapie und Pädagogik.* Wiesbaden: VS: 321–333.

**Simon, Fritz B.** (2012): *Einführung in die Systemtheorie des Konflikts.* 2. Auflage. Heidelberg: Carl-Auer.

**Sparrer, Insa** (2002): *Wunder, Lösung und System. Lösungsfokussierte Systemische Strukturaufstellungen für Therapie und Organisationsberatung.* 2. Auflage. Heidelberg: Carl-Auer.

**Sparrer, Insa** (2006): *Systemische Strukturaufstellungen. Theorie und Praxis.* Heidelberg: Carl-Auer.

**Sparrer, Insa/Varga von Kibéd, Matthias** (2010): *Klare Sicht im Blindflug. Schriften zur Systemischen Strukturaufstellung.* Heidelberg: Carl-Auer.

**Splinter, Dirk/Wüstehube, Ljubjana** (2012): „Gut aufgestellt?! Systemische Aufstellungsarbeit bei (ethno-)politischen Konflikten". In: Ruhnau, Erwin (Hrsg.): *Systemische Aufstellungen in der Mediation. Beziehungen sichtbar machen.* Stuttgart: Concadora: 6–28.

**Steinke, Ines** (2008): „Gütekriterien qualitativer Forschung". In: Flick, Uwe/von Kardorff, Ernst/Steinke, Ines (Hrsg.): *Qualitative Forschung. Ein Handbuch.* 6. Auflage. Reinbek: Rowohlt: 319–331.

**Thomann, Christoph/Prior, Christian** (2007): *Klärungshilfe 3. Das Praxisbuch.* Reinbek: Rowohlt.

**Titscher, Stefan/Wodak, Ruth/Meyer, Michael/Vetter, Eva** (1998): *Methoden der Textanalyse. Leitfaden und Überblick.* Opladen: Westdeutscher Verlag.

**Trossen, Arthur** (2002): „Integrierte Mediation". In: Haft, Fritjof/Schlieffen, Katharina (Hrsg.): *Handbuch Mediation. Verhandlungstechnik, Strategien, Einsatzbereiche.* München: C.H. Beck: 444–475.

**Varga von Kibéd, Matthias/Sparrer, Insa** (2005): *Ganz im Gegenteil. Tetralemmaarbeit und andere Grundformen Systemischer Strukturaufstellungen – für Querdenker und solche, die es werden wollen.* 5. Auflage. Heidelberg: Carl-Auer.

**Von Schlippe, Arist/Schweitzer, Jochen** (1998): *Lehrbuch der systemischen Therapie und Beratung.* 5. Auflage. Göttingen: Vandenhoeck & Ruprecht.

**Weber, Gunthard** (2000): „Organisationsaufstellungen: Basics und Besonderes". In: Weber, Gunthard (Hrsg.): *Praxis der Organisationsaufstellungen. Grundlagen, Prinzipien, Anwendungsbereiche.* Heidelberg: Carl-Auer: 34–90.

**Weber, Gunthard/Schmidt, Gunther/Simon, Fritz B.** (2005): *Aufstellungsarbeit revisited...nach Hellinger? Mit einem Metakommentar von Matthias Varga von Kibéd.* Heidelberg: Carl-Auer.

**Weber, Gunthard** (2010): *Zweierlei Glück: Das Familienstellen Bert Hellingers.* 16. Auflage. Heidelberg: Carl-Auer.

**Weckert, Al/Bähner, Christian/Oboth, Monika/Schmidt, Jörg** (2011): *Praxis der Gruppen- und Teammediation. Die besten Methoden und Visualisierungsvorschläge aus langjähriger erfolgreicher Mediationstätigkeit.* Paderborn: Junfermann.

**Wengraf, Tom** (2001): *Qualitative Research Interviewing. Biographic Narrative and Semi-Structured Methods.* London: SAGE.

## Artikel in Fachzeitschriften

**Gebhardt, Raimund** (2007): „Komplexität reduzieren mittels Skalierungsfragen". In: *Einblick* 07: 1–4.

**Henschel, Thomas R.** (2006): „Welchen Beitrag Mediation für die Klärung internationaler Konflikte leisten kann". In: *Spektrum der Mediation* 24: 15–17.

**Kolodej, Christa/Smutny, Petra** (2010): „Die Mediationsaufstellung – eine nachhaltige Methode zur Ergebnissicherung". In: *ZKM – Zeitschrift für Konfliktmanagement* 3: 68–71.

**Metzger, Tilman** (2012): „Klärungshilfe und innerbetriebliche Mediation". In: *Spektrum der Mediation* 45: 38–43.

**Von Alm, Angelika/Knapp, Peter** (2008): „Einsatz von Mediation in Unternehmen – Grenzen und Möglichkeiten". In: *Spektrum der Mediation* 29: 16–17.

**Wirl, Christine** (2011): „Geht's dem Einzelnen gut, geht's dem System gut". In: *Training. Das Magazin für Weiterbildung und HR-Management* Coverstory 02/2011: Organisations-Aufstellungen: keine Seitenangaben.

## Internetquellen

**Bibliographisches Institut GmbH** (Stand: 2013a): „System, das" URL: http://www.duden.de/rechtschreibung/System (Abgerufen am 27.09.2014).

**Bibliographisches Institut GmbH** (Stand: 2013b): „Atom, das" URL: http://www.duden.de/rechtschreibung/Atom (Abgerufen am 11.11.2014).

**Brown, Carole J.** (Stand: 2002): „Facilitative Mediation: The Classic Approach Retains its Appeal" URL: http://www.mediate.com/articles/brownc.cfm (Abgerufen am 10.10.2014).

**Bundesverband Mediation e.V.** (Stand: 2009): „Standards und Ausbildungsrichtlinien für die Anerkennung als Mediatorin BM® / Mediator BM®" URL: http://www.bmev.de/fileadmin/downloads/anerkennung/bm_standards_mediatorIn_2014.pdf (Abgerufen am 24.09.2014).

**Bundesverband Mediation e.V.** (Stand: 2014a): „Was ist Mediation?" URL: http://www.bmev.de/index.php?id=mediation (Abgerufen am 20.09.2014).

**Bundesverband Mediation e.V.** (Stand: 2014b): „Mediation im interkulturellen Kontext" URL: http://www.bmev.de/index.php?id=interkulturell (Abgerufen am 24.09.2014).

**Burns, Sandra/ Sutton, Michelle** (Stand: 2006): „Interest-based mediation" URL: http://www.directionservice.org/cadre/materials/2_1/Session%202.1%20-%20Handout.pdf (Abgerufen am 10.10.2014).

**DGS** (Deutsche Gesellschaft für Soziologie) (Stand: 2014): „Ethik-Kodex der Deutschen Gesellschaft für Soziologie (DGS) und des Berufsverbandes Deutschen Soziologinnen und Soziologen (BDS)" URL: http://www.soziologie.de/de/die-dgs/ethik-kommission/ethik-kodex.html (Abgerufen am 16.11.2014).

**DGSYM** (Deutsche Gesellschaft für systemische Mediation e.V.) (Stand: 2013): „Systemische Mediation" URL: http://www.dgsym.de/index.php/systemische-mediation.html (Abgerufen am 08.10.2014).

**infosyon** (Stand: 2014a): „Systemaufstellungen" URL: http://infosyon.com/systemaufstellungen/ (Abgerufen am 20.09.2014).

**infosyon** (Stand: 2014b): „Entwicklungsgeschichte der Systemaufstellungen im Spezialfeld Organisation" URL: http://infosyon.com/systemaufstellungen/entwicklungsgeschichte/ (Abgerufen am 20.09.2014).

**Integrierte Mediation** (Stand: 2012): „Die facilitative Mediation" URL: http://www.in-mediation.eu/mediation/modelle#_ftn2 (Abgerufen am 10.10.2014).

**Rosselet, Claude/Sachs-Schaffer, Brigitte** (Stand: 2005–2010): „Vorgangsweisen" URL: http://infosyon.com/systemaufstellungen/vorgangsweisen/ (Abgerufen am 16.12.2014).

**The Center for Understanding in Conflict** (Stand: 2014): „The understanding-based approach to mediation" URL: http://understandinginconflict.org/2010/09/the-understanding-based-approach-to-mediation/ (Abgerufen am 10.10.2014).

**Winkelmann, Felicia** (Stand: 2014): „Der lösungsorientierte Ansatz" URL: http://www.felicia-winkelmann.de/der-losungsorientierte-ansatz/ (Abgerufen am 14.10.2014).

# Anhang

## Anhang 1

Interviewleitfaden

1. Welche Richtung bzw. welchen Ansatz der Mediation vertreten Sie?
2. Welche Mediationsmethoden wenden Sie an?
3. Mit welchen Mediationsfällen arbeiten Sie in der Regel?
4. Was sind die Gründe dafür, dass Sie mit Aufstellungen in der Mediation arbeiten?
5. Welche Aufstellungsformen wenden Sie an und in welchen Situationen wenden Sie diese an? Können Sie Ihre Wahl begründen und Beispiele dazu nennen?
6. In welchen Phasen wenden Sie welche Aufstellungsformen/ -elemente an?
7. Was sind die Gründe für Ihre Wahl der Methode in den einzelnen Phasen?
8. Bei welcher Art von Konflikten lässt sich aus Ihrer Sicht besonders gut, in welchen Fällen überhaupt nicht mit Aufstellungsmethoden arbeiten? Können Sie dies begründen und Beispiele dafür nennen?
9. Können Sie beschreiben wie Sie selber als Mediator/in den Wechsel zwischen Ihrer Rolle als Mediator/in und Aufstellungsleiter/in schaffen? Wie integrieren Sie diese beiden Konzepte in sich als Person und in Ihrer Arbeit?
10. Was macht die Arbeit mit Mediation erfolgreich?
11. Was macht die Arbeit mit Aufstellungen erfolgreich und welchen Mehrwert bringt die Arbeit mit Aufstellungen in der Mediation?
12. Welche Herausforderungen sehen Sie im Blick auf die Kombination von Mediation und Aufstellungsarbeit?
13. Wenn Sie einmal kulturelle Aspekte in der Mediation in den Blick nehmen: Was meinen Sie, wie trägt Aufstellungsarbeit zu interkultureller Verständigung und Konfliktlösung in der Mediation bei? Können Sie dafür ein Beispiel aus Ihrer beruflichen Praxis nennen?

# Anhang 2

Biographischer Fragebogen

**Biographische Angaben zu Ihrer Person**

1. Wie lange sind Sie bereits als Mediator/in tätig?
   _____

2. Haben Sie eine abgeschlossene Mediationsausbildung?
   ☐ ja
   ☐ nein

3. Haben Sie eine abgeschlossene Aufstellungsausbildung?
   ☐ ja
   ☐ nein

4. Seit wann sind Sie als Aufsteller/in tätig?
   _____

5. Was ist Ihr Herkunftsberuf?
   _____

6. Was haben Sie studiert?
   _____

7. Welche Nationalität haben Sie?
   _____

8. Was ist Ihre Muttersprache?
   _____

9. Wie alt sind Sie?
   _____

10. Welches Geschlecht haben Sie?
    ☐ männlich
    ☐ weiblich

Ihre Angaben werden vertraulich behandelt und nicht an Dritte weitergegeben. Die für die Interviewauswertung nötigen hier angegebenen biographischen Angaben werden darüber hinaus durch die Anonymisierung später keine Rückschlüsse auf Ihre Person zulassen.

Vielen Dank für Ihre Teilnahme an dem Forschungsprojekt und für die Beantwortung der Fragen!

# Anhang 3

Ergebnisse des biographischen Fragebogens

**Länge der Tätigkeit als Mediator/in (Frage 1)**
1–5 Jahre: 1 Person (8,3 %)[15]
6–9 Jahre: 4 Personen (33,3 %)
10–15 Jahre: 3 Personen (25 %)
16–20 Jahre: 4 Personen (33,3 %)
Durchschnitt: 12 Jahre

**Abgeschlossene Mediationsausbildung (Frage 2)**
Ja: 9 Personen (75 %)
Nein: 3 Personen (25 %)

**Abgeschlossene Aufstellungsausbildung (Frage 3)**
Ja: 7 Personen (58,3 %)
Nein: 5 Personen (41,7 %)

**Länge der Tätigkeit als Aufsteller/in (Frage 4)**
1–5 Jahre: 1 Person (8,3 %)
6–9 Jahre: 3 Personen (25 %)
10–15 Jahre: 4 Personen (33,3 %)
16–20 Jahre: 3 Personen (25 %)
Über 21 Jahre: 1 Person (8,3 %)
Durchschnitt: rund 13 Jahre

**Herkunftsberuf (Frage 5)**
1 Rechtsanwalt[16]
1 Patentanwalt, Bauingenieur, Stuckateur
1 Philosoph/Mediator
1 Germanist/Amerikanist

---

15 Die angeführten Prozentwerte dienen einer besseren Übersichtlichkeit in Bezug auf die jeweilige Verteilung von Antworten.
16 Die Auflistung der angegebenen Herkunftsberufe wird in Form des generischen Maskulinums angegeben. Dies soll die weiblichen Befragten nicht diskriminieren oder ausschließen, sondern einen möglichen Rückschluss auf ihre Person verhindern. Entsprechende Bezeichnungen gelten als geschlechtsneutral.

1 Bergführer, Unternehmer, Organisationsentwickler
1 Steuerfachgehilfe
1 Lebensmittelchemiker, Dipl. Pädagoge
1 Supervisor, Organisationsberater
1 Sozialpädagoge
1 Heilpraktiker, Therapeut, Designer
1 Personalentwickler
1 Bildungsreferent

**Studienfach (Frage 6)**
Jura: 1 Person (8,3 %)
Philosophie: 1 Person (8,3 %)
Germanistik und Amerikanistik: 1 Person (8,3 %)
(Sozial-)Pädagogik: 4 Personen (33,3 %)
Erziehungswissenschaften: 1 Person (8,3 %)
Malerei, Grafik und Design: 1 Person (8,3 %)
Wirtschaftsinformatik: 1 Person (8,3 %)
Bauingenieurwesen: 2 Personen (16,7 %)

**Nationalität (Frage 7)**
11 Personen deutsch (91,7 %)
1 Person Schweiz (8,3 %)

**Muttersprache (Frage 8)**
12 Personen Deutsch (100 %)

**Altersstruktur (Frage 9)**
Unter 30 Jahre: /
30 bis 40 Jahre: /
41–45 Jahre: 3 Personen (25 %)
46–49 Jahre: /
50–54 Jahre: 4 Personen (33,3 %)
55–59 Jahre: 5 Personen (41,7 %)
60 Jahre und älter: /

**Geschlecht (Frage 10)**
männlich: 6 Personen (50 %)
weiblich: 6 Personen (50 %)

# Anhang 4

Vorbereitung und Durchführung der Interviews

*1. Inhaltliche Vorbereitung*[17]

- Thema der Befragung wählen
- theoretische Überlegungen und Ausführungen zu der gewählten Thematik
- Wahl der geeigneten Befragungstechnik
- Ausformulierung des Interviewleitfadens
- Interviewpartner auswählen

*2. Organisatorische Vorbereitung*

- Kontaktaufnahme mit den möglichen Interviewpartnern und terminliche Koordination
- Zusammenstellung einer Interviewmappe (Inhalte: Karteikarten mit Interviewfragen, Datenschutz- und Einwilligungserklärung, biographischer Fragebogen)
- Tonbandgerät testen (Funktionsfähigkeit und Tonqualität) und Ersatzbatterien organisieren

*3. Gesprächsbeginn*

- Vorstellung der eigenen Person und kurzer „Small Talk" für die Auflockerung der Gesprächsatmosphäre bevor mit dem Interview begonnen wird
- Dank an den Interviewpartner für die Bereitschaft zum Interview
- Beschreibung des Forschungsvorgehens, der zentralen Forschungsfragestellung und des methodischen Ansatzes
- Einholung des Einverständnisses durch Vorlage der Datenschutz- und Einwilligungserklärung, falls Unklarheiten entstehen werden hier direkt Fragen oder Bedenken geklärt
- Raum für weitere Fragen bezüglich des Datenschutzes oder zu der Methodik bzw. der Thematik selbst
- Vorlage des biographischen Fragebogens und Bitte, diesen auszufüllen
- Hinweis auf die Aufzeichnung des Interviews mit einem Tonbandgerät und den Nutzen (spätere Transkription) sowie die weitere Verwertung des Tonbandes;

---

17  Für die Punkte 1. bis 7. vgl. die Ausführungen in Bortz/Döring (2002: 310f.).

dabei wird neben der Unterschrift zusätzlich die mündliche Zustimmung eingeholt[18]

*4. Durchführung und Aufzeichnung des Interviews*
- Steuerung und Kontrolle des Gesprächsverlaufs
- auch nonverbales Verhalten der Interviewpartner beobachten
- s. hierfür Ausführungen Kapitel 3.3.3 zur Datenerfassung und Interviewdurchführung

*5. Gesprächsende*
- das Ende des Interviews wird durch das Ausschalten des Tonbandgeräts markiert
- Dank an den Interviewpartner für die Beantwortung der Fragen
- informelles Abschlussgespräch

*6. Verabschiedung*
- Zusicherung der uneingeschränkten Erreichbarkeit falls noch Anregungen oder Fragen auftreten
- Ergebnismitteilung bei Interesse anbieten und ungefähren Zeitraum ankündigen

*7. Gesprächsnotizen*
- Dokumentation der Gesprächsatmosphäre sowie Uhrzeit, Datum und Art der Durchführung
- Notizen zu getätigten Aussagen in den Interviews oder Hinweise, Bemerkungen vorher bzw. danach

---

18 Im Rahmen von telefonisch geführten Interviews wird der Zeitpunkt des Beginns der Aufnahme mit dem Hinweis „Ich schalte das Tonbandgerät nun ein" angekündigt.

# Anhang 5

Modell der zusammenfassenden Inhaltsanalyse nach Mayring

*Abb. 2: Ablaufmodell zusammenfassender Inhaltsanalyse*

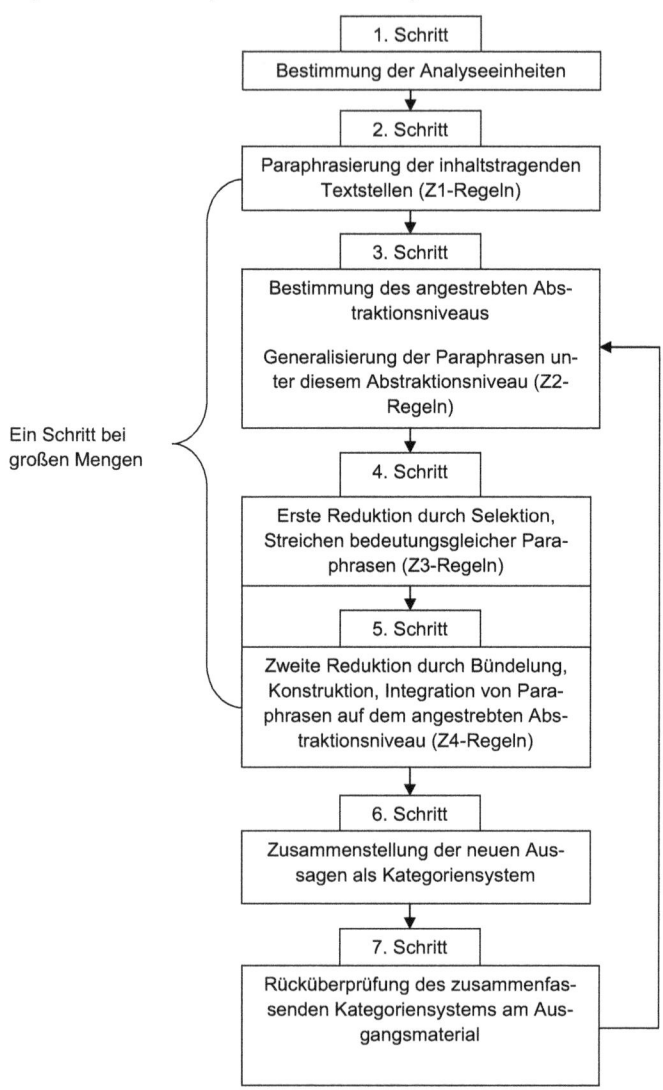

*(Quelle: eigene Darstellung in Anlehnung an Mayring 2010: 68)*

## Studien zur interkulturellen Mediation

Herausgegeben von Hartmut Schröder und Dominic Busch

Band 1 Dominic Busch: Interkulturelle Mediation. Eine theoretische Grundlegung triadischer Konfliktbearbeitung in interkulturell bedingten Kontexten. 2005. 2., korrigierte Auflage. 2007.

Band 2 Dominic Busch / Hartmut Schröder (Hrsg.): Perspektiven interkultureller Mediation. Grundlagentexte zur kommunikationswissenschaftlichen Analyse triadischer Verständigung. 2005.

Band 3 Dominic Busch (Hrsg.): Interkulturelle Mediation in der Grenzregion. Sprach- und kulturwissenschaftliche Analysen triadischer Interaktionsformen im interkulturellen Kontakt. 2006.

Band 4 Anna Baranova: Wirtschaftsmediation als alternative Methode der Konfliktlösung. Möglichkeiten und Problemstellen der Wirtschaftsmediation in der Praxis. 2009.

Band 5 Dominic Busch / Claude-Hélène Mayer / Christian Martin Boness (eds.): International and Regional Perspectives on Cross-Cultural Mediation. 2010.

Band 6 Linda Brackwehr / Claude-Hélène Mayer: Der Einsatz von Aufstellungsarbeit in der Mediation. Eine qualitative Studie über Anwendungsbeispiele aus der Praxis. 2015.

www.peterlang.com

www.ingramcontent.com/pod-product-compliance
Ingram Content Group UK Ltd.
Pitfield, Milton Keynes, MK11 3LW, UK
UKHW021841210426
5322IPUK00022B/402